Edlinger / Jungwirth / Pauritsch / Pösch / Sperl
Zweites Kochbuch für Leib & Seel'

Klaus Edlinger / Christian Jungwirth
Sabine Pauritsch / Atzi Pösch / Gerfried Sperl

ZWEITES KOCHBUCH FÜR

Leib & Seel'

Essen und Trinken im
weststeirischen Schilcherland

Mit Illustrationen von
Herwig Lehner

LEYKAM

Illustrationen: Herwig Lehner
Umschlagfoto: Christian Jungwirth
Vorsatz und Nachsatz: Herwig Lehner

Wir danken:

Frau Dipl.-Ing. Gerda Missoni vom Amt der Steiermärkischen Landesregierung
(FA IA). Sie hat uns die Architekturfotos zur Verfügung gestellt.

Wir haben vielen Freunden zu danken. Drei seien besonders hervorgehoben: Werner
Goach, der „Jagawirt", aus Sommereben/Greisdorf, Fischmeister Herfried Reimoser aus
Werndorf und Theo Govedic vom Predinger Hof in Preding.
Danke für die Hilfe!

© by Leykam Buchverlag, Graz 1991
Repros: Repro Brüll, Saalfelden
Druck: M. Theiss, A-9400 Wolfsberg
ISBN 3-7011-7247-1

Dr. Klaus Edlinger, 46, ist seit 18 Jahren beim ORF. Seit vier Jahren arbeitet er in der innenpolitischen Redaktion der „Zeit im Bild" und ist Moderator der Sendung (gemeinsam mit Ursula Stenzel).
Seit fünf Jahren ist der Südoststeirer Klaus Edlinger auch literarisch tätig. „Öffentliche Einsamkeit" und „Denn sie müssen wandern" lauten die Titel seiner beiden bisher erschienenen Romane.
Klaus Edlinger lebt in Wien und im steirischen Kirchbach.

Christian Jungwirth, 30, fotografiert seit mehr als einem Jahrzehnt professionell und hat zahlreiche Kunstbücher im In- und Ausland illustriert und Ausstellungen gestaltet.
Christian Jungwirth lebt und arbeitet in Graz, wo er auch ein Studio besitzt.

Mag. Sabine Pauritsch, 28, Weststeirerin aus Leidenschaft, ist von ihrer Ausbildung her Lehrerin für Germanistik und Geschichte, arbeitete als Lektorin und ist seit 1990 in der Buchhandlung Leykam, Graz, tätig.

Atzi Pösch, 65, lebt und kocht in Bad Gleichenberg. Er ist Lehrer in der dort ansässigen Berufsschule.
Durch die Veröffentlichung einiger Kochbücher ist er österreichweit bekannt und tritt auch in Fernsehen und Radio auf.
Die steirische Küche ist seit vielen Jahren seine Leidenschaft. Ständig befindet er sich auf der Suche nach ausgefallenen Rezepten.

Dr. Gerfried Sperl, 49, ist Chefredakteur-Stellvertreter der Tageszeitung „Der Standard" und Herausgeber der Zeitschrift „was". Sperl lebt in Wien und im steirischen Zerlach. Er ist passionierter Reiter und Architektur-Fan.

Der großartige Erfolg des ersten „Kochbuch für Leib & Seel"
hat uns mutig gemacht: wir legen das zweite „Kochbuch für
Leib & Seel" vor. Das erste war der Südoststeiermark
gewidmet, dieses nimmt sich des weststeirischen
Schilcherlandes an.
Es war wieder eine schöne und interessante Zusammenarbeit,
für die wir dem Verlag zu danken haben. Wer weiß, was uns
da noch alles einfällt!

Die Autoren

Inhaltsverzeichnis

Herzlich Willkommen im weststeirischen Schilcherland!

Stellen Sie sich vor, Sie besäßen Flügel und glitten vom warmen Aufwind getragen vom Südwesten kommend über die Gebirgsregion der Koralpe in die Weststeiermark – vor Ihren Augen würde sich ein kleines landschaftliches Wunder auftun: Zuerst bemerkten Sie wohl die schönen, über der Baumgrenze liegenden Almen mit ihrem saftigen Grün, den ruhig weidenden Kühen und Ochsen, den kleinen Senn- und Berghütten. Vom friedvollen Anblick verzaubert, kämen Sie beim Hinabschauen ins Träumen und würden ganz vergessen, daß Sie ein Mensch des ausgehenden 20. Jahrhunderts sind. Freilich haben auch hier Straßen das Gebirge bezwungen. Uralte Handelswege, die über Jahrtausende alle Himmeslrichtungen miteinander verbanden, wurden zu breiten Asphaltstraßen ausgebaut, um vor allem winters Schitouristen in die Berge zu locken. Dort stauen sie sich dann vor den wenigen Liften, ohne jemals aus Hektik und Streß herauszukommen.

Im Frühling sprießen unzählige grüne Flecken aus dem Millionen Jahre alten Urgestein, umsäumt von Enzian, Steinbrech und Primeln, bei deren Betrachtung Ihre Seele zu klingen beginnt.

An der oberen Baumgrenze breiten sich an den Boden gedrückte Latschenkiefern aus. In dieser Höhe zieht sich auch der Nord-Süd-Wanderweg hin, der von Flensburg in Deutschland bis nach Rijeka in Slowenien führt. Er erinnert an Zeiten, in denen Entfernungen noch zu Fuß zurückgelegt wurden und genug Zeit blieb, einfach nur zu schauen. Setzten Sie ihren Flug weiter die Hänge hinab fort, ergriffe Ihre Flügel ein leises Vibrieren, denn das Brausen des Hochwaldes ist auch hoch in der Luft zu spüren. Der Wald steht so dicht, daß Sie von oben nicht auf den kräftigen Humusboden blicken könnten. Das Regenwasser, das ganz oben in die Ritzen und Spalten des uralten Gesteins gedrungen ist und sich unter der Oberfläche in großen Seen gesammelt hat, tritt hier im Wald in hunderten kleinen Quellen hervor, bricht sich sanft seinen Weg durch Fichten und Tannen, sammelt sich zu kleinen Flüssen, die die Abhänge hinabschießen, um nach Osten gewandt das flache Land zu speisen.

Weiter hinabgleitend würden sich die Spitzen Ihrer Brustfedern langsam erwärmen. Das wellige Hügelland der Weststeiermark, direkt an die Flanken des Gebirges geheftet, erinnert an das vor Millionen Jahren brandende Pannonische Urmeer, dessen versteinerte Zeugen tief im Boden vergraben als Sedimente dieser erdgeschichtlichen Epoche ruhen. Vom Urmeer zurückgelassen wurde auch die Kohle, geschürft hauptsächlich im Raum Voitsberg, aber auch im Bezirk Deutschlandsberg. Leben und Arbeiten in der Weststeiermark waren lange Zeit von ihrem Vorhandensein bestimmt.

Das Besondere des weststeirischen Hügellandes sind die ausgeprägten Mischwälder. Hätten Sie ihren Vogelflug im Herbst angesetzt, blickten Sie erstaunt hinab auf den farbenfrohen Glanz, mit dem sich der ewige Jahreskreis schließt. Buchen, Eichen, Ahorn und Kastanien treiben im Oktober ihren Blättern alle nur erdenklichen Farben in die Spitzen, um einen prachtvollen Ausklang zu feiern. Zwischen dem Bunten, die Augen beruhigend, leuchtet das tiefe Grün der Nadelhölzer. Trauer über das nahende Ende des Jahres kommt daher nicht auf. Die Weststeirer packen ihre alten durchlöcherten Bratpfannen aus, werfen die Früchte der Edelkastanie auf die glühende Fläche und freuen sich auf das Knacken und Bersten der Schalen.

Schon nahe bei Deutschlandsberg entdeckten Sie aus der Höhe sofort eine weitere Besonderheit der Weststeiermark: die Schilcher-Weinstraße. Sie zieht sich über die meist steilen

und nach Süden ausgerichteten Weinhänge, heftige Haken
schlagend, von Eibiswald nach Deutschlandsberg und über
den Kurort Gams nach St. Stefan und Ligist. Haben Sie die
Weststeiermark bis jetzt noch nicht liebgewonnen, der
landschaftliche Zauber und die von den vielen
Buschenschänken angebotenen Gaumenfreuden werden Sie
in einen Liebestaumel ziehen!

Seit Jahrhunderten wird hier eine Traube angebaut, deren
Name auf ihren Glanz im Glas zurückzuführen ist. Das Wort
Schilcher stammt von „schilchern" bzw. „schillern", läßt sich
in vielen alten Urkunden und Tagebüchern aus lang
vergangener Zeit nachweisen und hat sich bis heute als
Markenname gehalten, weil kein anderes Wort besser
geeignet wäre, diesen rötlich-glänzenden, säuerlichen Wein
zu beschreiben. Doch geben Sie acht, was Sie da trinken, ist
kein Himbeersaft! Sie werden es merken, wenn sie, zu viel
davon erwischt, am nächsten Tag aufwachen.

Das Hügelland der Weststeiermark läuft in die große Ebene
des Grazer Beckens aus. Preßten Sie ihre Flügel an den
Körper, um sanft in einer der Flußauen von Sulm-, Kainach-
oder Laßnitztal zu landen, begegneten Sie einer Tier- und
Pflanzenwelt, die anderswo schon lange verschwunden ist.
Die unregulierten Flüsse, die von Weiden umwachsen und
überwuchert sind, bieten vielen Kleintieren Schutz und
Behausung. Störche finden hier Nahrung, Angler Forellen
und Welse und Liebespaare lauschige Plätzchen.

Da Sie aber leider keine Flügel besitzen, um aus der
Vogelperspektive mit einem Blick zu sehen, wofür wir viele
Worte brauchen, werden Sie wohl notgedrungen mit Ihrem
Auto kommen müssen. Damit Sie auch finden, was wir Ihnen
beschrieben haben, merken Sie sich folgendes: Die
Weststeiermark liegt zwischen der nach Süden fließenden
Mur und den Gebirgsketten der Kor-, Stub- und Gleinalpe.
Das kurvenreiche Auf und Ab der weststeirischen Straßen
wird Ihnen, falls Ihr Magen empfindlich ist, unter Umständen
keinen Reisegenuß verschaffen. Doch wenn Sie Gelegenheit

und Muße haben, bleiben Sie auf einer Anhöhe stehen und genießen Sie den Anblick: Vor Ihnen breitet sich ein wunderschönes Land aus, das zwischen ackerbaulich genutzen Flächen und unbebauten Wiesen eine Harmonie ausstrahlt, die den Perfektionismus unserer Zeit konterkariert. Sie können an diesem Land gar nicht vorbeifahren! Herzlich willkommen in der Weststeiermark! Und Mahlzeit!

Klaus Edlinger   Christian Jungwirth   Sabine Pauritsch
Atzi Pösch   Gerfried Sperl

Alltagskost

Unendlich viele Komponenten bestimmen die Alltagskost: die Landschaft, die Bevölkerung, das Warenangebot, die Religion, das Brauchtum.

Die meisten Rezepte der Alltagskost wurden nicht niedergeschrieben, sondern von der Mutter an die Tochter weitergegeben. Diese Dinge aufzuschreiben, war traditionell nicht notwendig! So ist es für den interessierten Koch heute oft sehr schwierig, diese alten Rezepte auszugraben und neu zu gestalten. Es bedarf oft vieler Gespräche mit Müttern, Töchtern, Tanten und Großeltern, um zu einem Resultat zu kommen.

Auf die Frage, was habt ihr denn „früher" gekocht?, kommt meist gar nichts heraus. Erst wenn die ältere Generation in die Gesprächsrunde einbezogen wird, wird man fündig. Besonders ergiebig wird die Suche nach alten Rezepten, wenn Geschwister miteinander diskutieren: „Wie hat denn die Mutter das gekocht?" „Nein, so war das nicht, die Mutter hat das ganz anders gemacht!"

Auf diese Art erfährt man in oft stundenlangen Gesprächen vieles, was ansonsten verlorengegangen wäre. So mancher Koch, der glaubte, „alles" zu wissen, mußte feststellen, daß bereits zu Urgroßmutters Zeiten vieles besser, schmackhafter und sparsamer zubereitet worden war.

Es ist klar, daß neue Lebensgewohnheiten die Alltagskost verändert haben. In letzter Zeit allerdings ist zu bemerken, daß vielen Hausfrauen die Einheitsnahrung unserer Zeit nicht mehr behagt. Die ganze Familie ist glücklich, neue oder besser „alte" Geschmackserlebnisse zu haben. Dieses Buch will dazu beitragen, Speisen nach alten Rezepten auf den Tisch zu bringen.

Alle Wege haben Ziele . . . ▶

Selchsupp'n
Arme-Leut-Supp'n *4 Portionen*

Zutaten

1 1/4	l	Selchsud
6-8	dag	Mehl glatt
		Wasser

Zubereitung

Das Mehl in etwas Wasser absprudeln und in die kochende Suppe gießen. Gut mit dem Schneebesen durchsprudeln und ca. 20 Minuten langsam durchkochen.

Unter Selchsud versteht man den Sud, in dem Selchfleisch, Schinken, Teilsames oder dergleichen gekocht wird. Damit der Sud nicht zu kräftig wird, gibt man das Fleisch zuerst in kochendes Wasser und setzt es dann frisch zu. Vorsicht beim Salzen!
Etwas wegzuwerfen oder wegzuschütten, das hat sich der sparsame Steirer schon immer zweimal überlegt. Ein Ergebnis dieser Überlegungen ist die eingemachte Selchsupp'n.

Einbrennte Selchsupp'n *4 Portionen*

Zutaten

11/4	l	Selchsud
6	dag	Fettstoff (Schmalz, Butter oder Magarine)
6	dag	Mehl glatt

Zubereitung

Aus Fett und Mehl eine lichte Einbrenn herstellen, entweder mit der Selchsuppe aufgießen oder richtig steirisch die Einbrenn zur Suppe geben.

Legierte Selchsupp'n *4 Portionen*

Zutaten

11/4	l	Selchsud
2	dl	Sauerrahm
		(eventuell Obers oder Creme fraiche)
2-4		Eidotter

Zubereitung

*Die Eier mit dem Sauerrahm verrühren (eventuell etwas
Wasser beifügen). Die Suppe vom Feuer ziehen und die
Legierung einrühren. Kein zweites Mal aufkochen lassen.*

Breinsuppe mit einem Hühnerl *4 Portionen*

Zutaten

70	dag	Suppenhuhn (= 1/2 Suppenhuhn; gekocht, ausgelöst)
12	dag	Heidenbrein (Buchweizen, gewaschen)
1/2	l	Wasser
8	dag	Wurzelwerk (Karotten, Selleriewurzeln, Petersilwurzeln, blättrig geschnitten)
2	Blätter	Lußstock (Liebstöckl)
1	dag	Petersilie (feingehackt)
		Salz, Pfeffer

Zubereitung

Das Suppenhuhn einmal im Wasser aufkochen lassen, den ersten Kochsud weggießen, neu zusetzen. Nach einiger Zeit das Wurzelwerk, die Petersilie und den Lußstock beigeben. Ganz langsam weiterkochen lassen. Sobald das Huhn weich ist, auslösen und in nicht zu kleine Stücke schneiden. Den Kochsud abseihen und den Heidenbrein darin weich kochen. Die Hühnerstücke beifügen, mit Salz und Pfeffer abschmecken und mit Petersilie bestreut servieren.

Die Breinsuppe mit einem Hühnerl ist mehr als eine Suppe; sie ersetzt eine ganze Mahlzeit.

Predinger Schwarzbrotsupp'n *4 Portionen*

Zutaten

10	dag	Schwarzbrot (altbacken und in Scheiben geschnitten)
1	l	Rinds- oder Selchsuppe
6	EL	Sauerrahm
10	dag	Fleischreste (gekocht oder gebraten, gehackt)
		Überguß
1		Eidotter
6	EL	Sauerrahm
		Zitronenschale (fein geschnitten)
		Salz
		Pfeffer
		Schnittlauch
		Knoblauch (gehackt)
		Petersilie (gehackt)

Zubereitung

Schwarzbrot in der Suppe verkochen, den Sauerrahm darin versprudeln, abschmecken und in feuerfeste Suppenschalen gießen.
Das gehackte Fleisch mit Zitronenschale, Schnittlauch, Knoblauch und Petersilie vermischen und über die 4 Portionen Suppe gleichmäßig verteilen.
Eidotter und Sauerrahm vom Überguß miteinander versprudeln, in die Suppenschalen geben und bei starker Oberhitze im Rohr überbacken.

Schwammerlsterz *4 Portionen*

Zutaten

20-30	dag	Eierschwammerl
5	dag	Zwiebel (feingehackt)
4	dag	Butter oder Magarine
1/8	l	Polentagrieß (Maisgrieß oder Weizengrieß)
1/4	l	Rindsuppe (zum Aufgießen)
1		Knoblauchzehe (feingehackt)
1/2	dag	Petersilie (feingehackt)
		Salz nach Bedarf

Zubereitung

*Die Schwammerl im trockenen Zustand putzen und zerkleinern
(oder der Faser nach in gleichmäßige Stücke reißen, weil sie
dadurch nicht so viel Flüssigkeit verlieren).*
*Die Butter in einer Kasserolle mit dickem Boden zerlaufen
lassen, die Zwiebel darin anschwitzen. Schwammerl und
gehackten Knoblauch einfügen, wenig salzen und mit etwas
Suppe untergießen. Zugedeckt die gesamte Flüssigkeit
verdunsten lassen.*
*Den Grieß beifügen, durchmischen und mit der Rindsuppe
aufgießen. Hat der Grieß angezogen, nicht mehr umrühren,
ihn aber von Zeit zu Zeit mit einer Gabel lockern. Nach
20 Minuten ist der Schwammerlsterz fertig.*
Als Beilage passen alle Blattsalate.

Hinweis: Dieses Rezept können Sie selbstverständlich mit
allen genießbaren Speisepilzen zubereiten.

Eierspeis mit Kernöl

Zutaten *(pro Person)*

2-3		Eier
2	EL	Kernöl
		Salz

Zubereitung

Die Eier eventuell mit ein paar Tropfen Milch schaumig schlagen. Das Kernöl in einem Eierspeisreindel (Pfanne) gut erwärmen, keinesfalls aber zu heiß werden lassen, denn dann erhält es einen bitteren Geschmack.
Die Eier auf das Kernöl gießen. Wenn die Eier stocken, mit einer Gabel hochheben. Kernöl und Eier sollen sich nicht vermischen, damit das Gelb vom Ei und das Grün des Kernöls sichtbar bleiben.
Die Kernöleierspeis kann entweder im Reindel oder auf einem Teller serviert werden. Dazu gibt man ein großes Stück Hausbrot, um das Kernöl bis zum letzten Tropfen austunken zu können!

Die Eier spielen im bäuerlichen Leben eine ganz besondere Rolle. Sie sind ausschließlich eine Angelegenheit der Bäuerin, die das „Oagöld" (Eiergeld) zur persönlichen Verwendung zusammenspart. Die Zubereitung einer Eierspeis ist daher ein liebevolles Präsent der Bäuerin an ihren Gast.
Selbst Liebhaber von Kernöl können sich eine Eierspeis damit nicht so recht vorstellen und müssen sich durch eine Kostprobe eines Besseren belehren lassen.

Speckgrießknödel *10 Knödel*

Zutaten

36	dag	Weizengrieß
3		ganze Eier
18	dag	Selchspeck
		(Hamburger, kleinwürfelig schneiden)
3/4	l	Wasser oder Milch

Zubereitung

Der kleinwürfelig geschnittene Speck wird in einer Kasserolle
glasig ausgelassen, der Grieß darin kurz durchgeröstet und mit
einem 1/2 l Wasser aufgegossen, durchgerührt und
stehengelassen.
Sind Grieß und Speck zu einer kompakten Masse ausgedünstet,
gibt man nacheinander die Eier dazu, salzt nach Bedarf und
formt Knödel. Die Knödel werden dann so lange in Salzwasser
gekocht, bis sie aufsteigen.

Hebstätten und Glashütten

„Der Flascherlzug von Stainz wird so nicht wegen seiner
Benützer genannt, sondern nur wegen des Glastransports"
(Reinhard P. Gruber: „Das Schilcher ABC").
Hebalm, was ist das schon? Jedenfalls eine Gegend zum
Schifahren. Die Lastautos brummen durch die Täler, und wo
es Berge gibt, wird durchgebohrt. Die Steiermark besteht,
von Nord nach Süd, von Ost nach West, aus lauter solchen
kostspieligen Durchgängen. Für den Transport-Transit und
für die Touristenschwemme. Die Pässe sind obsolet
geworden, man braucht sie höchstens noch für den Lokal- und
für den Fremdenverkehr.
Früher einmal, da waren sogar die sanfteren Alm-Übergänge
mit ihren Säumerpfaden eine frequentierte Gegend für
geschäftliche Zwecke. Und das ist vor allem ein
weststeirisches Spezifikum. Über die Koralm ging es hinüber
ins Lavanttal (acht Routen allein dort), hinter Arnfels und
Leutschach ins Drautal, über Gleinalm und Gaberl ins
Murtal. Ein dichtes Wegenetz war das.
Teilweise waren die Verbindungen so gut, daß die Träger und
Fuhrleute, einmal aufgestiegen, von den Almen gar nicht
herunter mußten, bevor ihr Ziel in Sichtweite war.
„Hebalmen"! Warum? Eine hat ihren Namen behalten, auf
allen aber lagen die Hebstätten, wo weststeirische
Fuhrwerker ihren Kärntner oder Murtaler Kollegen die
Ladung, meistens war es Wein, übergaben. Rund um diese
Umlade-Stätten herrschte reges Almtreiben (genau aus dieser
Zeit stammt der Satz, daß es auf der „Alm ka Sünd"' gibt).
Eigene Umlader verdienten ihr Geld, Wirte „labten" das
Volk, sogar „Niederlagsgebühren" wurden eingehoben.
In den anschließenden Wäldern sorgten Köhler für das
Rohmaterial der Glaserzeugung. Nahe den Hebalmen, in
tausend Meter Höhe, lagen die Waldglashütten. Träger
brachten die Platten in die Täler – bevor Anfang des 19. Jahr-
hunderts die Glasproduktion zu den Kohleflözen verlegt und
der Glasbläser ein Industriearbeiter wurde, wie die Vorfahren
des Schriftstellers Wolfgang Pollanz:

„Mein Großvater stammte aus Gottschee in der Krajn und war Mitglied einer Glasmachersippe, die in Zeiten der wirtschaftlichen Rezession durch halb Süd- und Mitteleuropa zog ... einige Verwandte hat es sogar bis nach Rumänien und in die Türkei verschlagen."

Andere Familien (Fabrikanten freilich) wie die Pocks und Voiths kamen aus Böhmen und beschäftigten in einzelnen Betrieben bis zu 700 Arbeiter. So erfuhr die Weststeiermark auch die Folgen der Wanderung, mit denen wir heute, nach dem Zusammenbruch des Kommunismus, erneut konfrontiert sind.

Weststeirische Glasbläser dominierten dieses Gewerbe um die Jahrhundertwende in Istanbul. Viele Glasmacher gehörten dann später zu den Anhängern des Sozialismus, weil die Arbeit schwer und gesundheitsschädlich, weil die soziale Rücksicht der Unternehmer gering war.

Und weil viele Familien leidvoll zuschauen mußten, wie die Väter im Alkohol versanken.

Leider hat in der Weststeiermark zum Unterschied von Venetien und Böhmen immer das Gebrauchsglas dominiert und nicht das Kunstglas, obwohl stets besonders schönes erzeugt wurde. Die Produktionsstätten und die darin arbeitenden Menschen waren zu oft den wirtschaftlichen Berg- und Talfahrten ausgeliefert. Kunst-Werkstätten hätten aber auch mehr Kunst-Verständnis vorausgesetzt.

Von Gemüse und Kräutern

Es ist eine gesegnete Gegend, die Weststeiermark. Vielfältig
wie die Landschaft sind auch die Gemüse, die hier gedeihen.
Aber nicht nur überlieferte Gemüsesorten, auch fremde
fühlen sich hier schnell heimisch und gedeihen prächtig.
Nicht ohne Grund befindet sich die Landwirtschaftliche
Versuchsanstalt der Steiermark in Wies in der
Weststeiermartk. Viele der hier im Versuch gezüchteten
Gemüsesorten haben in der Zwischenzeit den Markt erobert.
Es sei nur an die diversen Kürbissorten, an Spargel oder an
Austernseitlinge erinnert.
Mit den Kräutern „haben" es die Weststeirer nicht nur in der
Küche, auch beim Schnaps, im „Angesetzten", werden sie
verwendet. Voller Stolz berichten Bauer und Hauer, daß in
ihrem „Angesetzten" 40 verschiedene Kräuter verwendet
würden. Welche das sind, bleibt freilich ihr Geheimnis.
Wer Zeit hat, sollte einmal einen Besuch in Wies machen.
Besonders der liebevoll angelegte Bauernkräutergarten lohnt
diesen Besuch.
Ein Gericht, das ehedem vor allem im Frühjahr zubereitet
wurde, ist die „Kräuterschmölzi", eine Eierspeise mit
Grammelschmalz oder Verhackert, mit vielen Kräutern, aber
auch mit jungen Brombeer- oder Ribiselblättern. Einst eine
kostbare Speise, die von der Hausfrau meist unerwartet
eingetroffenen Gästen kredenzt wurde.

Klare Spargelsupp'n

Zubereitung

Das einfachste aller Spargelrezepte ist der Spargelsud, die Flüssigkeit, in der der Spargel gekocht wurde. Nur ein Banause wird ihn weggießen, denn er ist nicht nur von großem Wohlgeschmack, es kommt ihm auch gesundheitliche Bedeutung zu: er entwässert, und die Nierenfunktion wird angeregt.
Würzen Sie diese Spargelsuppe so wenig wie möglich! Als Einlage geben Sie die Spargelabschnitte oder ein paar Champignons, Erbsen und feinnudelig geschnittenes Wurzelgemüse.

Rechnen Sie bitte mit einem halben Kilo Spargel pro Person als Hauptgericht, als Vorspeise reicht die halbe Menge.

Spargelcremesupp'n *4-5 Portionen*

Zutaten *(für 1 Liter Suppe)*

1	l	Spargelsud
ca. 20	dag	Spargelstücke (vom Gleichschneiden der Stangen)
5	dag	Butter
5	dag	Mehl (glatt)
2		Dotter
1/8	l	Obers (frisch)
2	dag	Butter (kalt, in Flocken)
		Salz, weißer Pfeffer (nach Geschmack)

Zubereitung

Aus Butter und Mehl wird eine lichte Einbrenn bereitet, überkühlt und anschließend mit dem kochenden Spargelsud übergossen und 20 Minuten durchgekocht. Vom Feuer nehmen und das Obers, in dem wir die Dotter versprudelt haben, beifügen. Die kalte Butter mit einem Schneebesen einarbeiten (nicht mehr kochen lassen) und die Spargelstücke darin erwärmen.

Solospargel mit brauner Butter *1 Portion*

Zutaten

1/2	kg	*Spargel*
5	dag	*Butter*

Zubereitung

Der nach Vorschrift geschälte, gebundene und gekochte Spargel wird aus dem Sud gehoben und auf ein sauber zusammengelegtes Leinentuch gegeben, die Schnur mit einer Schere durchgeschnitten und entfernt.

Die Butter wird in einer kleinen Stielkasserolle unter ständigem Rühren zu nußbrauner Farbe erhitzt. (Vorsicht, die Sauciere bereitstellen, denn der Weg von nußbraun zu schwarz ist sehr kurz!)

Den Spargel auf einer heißen Prozellanplatte anrichten; die Butter wird in einer Sauciere gereicht.

Als Beilage eignen sich dazu ausschließlich frisch gekochte Salzkartoffeln.

Unter Solospargel versteht man die dicken Spargelstangen, die im Ganzen serviert werden. Für den wahren Spargelfreund ist die Zeremonie des Spargelessens ein zusätzlicher Genuß: Man nimmt die Spargelstangen in die linke Hand, führt den Spargelkopf liebevoll von der Gabel unterstützt zum Mund und läßt ihn genußvoll auf der Zunge zergehen. Nun kämpft man sich langsam nach unten und lutscht (leider kann man es nicht anders schildern) die nicht holzigen Teile heraus. Der Kenner verzichtet dabei auf die manchmal eingedeckten Spargelzangen. Den verbleibenden Rest legt man am Rand des Tellers ab.

Solospargel mit Parmesan

Zubereitung

Die Zubereitung ist gleich wie oben, allerdings werden die Spargelstangen dachziegelartig auf einer Porzellanplatte angerichtet und dick mit frischgeriebenem Parmesan bedeckt. (Der untere Teil der Spargelstangen soll frei bleiben, damit man sie dort anfassen kann.)
Die heiße braune Butter wird auf einmal darübergegossen, so steht dem Genuß nichts mehr im Wege.

Dies sind einige Rezepte, bei denen der Geschmack des Spargels am natürlichsten zur Geltung kommt.
Spargel kann mit allen Butterschaumsaucen wie Holländischer Sauce, Sauce Maltaise usw. gereicht werden.
Für kalten Spargel eignen sich alle Mayonnaisesaucen oder Essigkräutersaucen.
Als Beilage zu Spargel eignen sich alle Arten von gekochtem oder rohem Schinken.

Thymian

Weinraute

Stiefmütterchen

Kümmel

Apfelkoch   *4 Portionen*

Zutaten

50	dag	Äpfel (geschält, entkernt, in Stücke geschnitten)
3	EL	Mehl (glatt)
1/2	l	Wasser
		Zucker
		Zimt

Zubereitung

Die Äpfel in einen Kochtopf geben, knapp mit Wasser bedecken und solange kochen, bis sie zerfallen. Nun das Mehl darüberstreuen, durchsprudeln, mit Wasser aufgießen und mit Zimt und Zucker abschmecken.

Dieses Fruchtkoch kann auch aus Beeren hergestellt werden, wobei man Milch anstelle von Wasser verwendet.

Apfelsauce

Zutaten

75	dag	Äpfel (geschält, entkernt, halbiert)
10	dag	Butter
1/8	l	Weißwein

Zubereitung

Die Butter leicht bräunen, mit Wein ablöschen. Die Äpfel beifügen und bis zum Zerfallen dünsten.

Eine Sauce aus Äpfeln, Butter und Weißwein. Sie eignet sich besonders gut zu fettem Fleisch.

Kräuterschmölzi

Zutaten

2–3		*Eier (je Portion)*
2	dag	*Verhackert*
		Gundelrebe
		das Grüne vom Winterknoblauch
		das Grüne von der jungen Zwiebel

Zubereitung

Die Kräuter werden fein geschnitten, das Verhackert in einer, wenn möglich eisernen, Eierspeispfanne hellgelb geschmolzen. Die Kräuter darin kurz durchrösten. Die Eier in einem Häferl mit einer Gabel gut schaumig schlagen und darübergießen.

Selbstverständlich können auch andere Frühlingskräuter wie Brunnenkresse, Bärlauch, Pastinak, Dhost und dergleichen verwendet werden. Auch Zwiebel und Knoblauch können beigegeben werden.

Das Kräuterschmölzi ist ein richtiges Frühjahrsgericht. Das Verhackert ist über den Winter gut durchgefroren, die Hühner beginnen zu legen, und die ersten Kräuter wachsen sowohl im Garten als auch in der Wiese. Noch heute werden die Träger der Palmbuschen mit dieser Speise belohnt.

Sauerampfersupp'n

Zutaten

1 1/2	l	Gemüsesud (Wurzelgemüse, aber auch einwandfreie Reste von Schalen, Blättern, Pilzzuputz usw.)
		Zwiebel
		Suppengrün
		Kräutersalz
3		Kartoffel (mittelgroß)
		Sauerampferblätter (Menge nach Intensität des Geschmacks verschieden!)
2	dl	Obers
		Pfeffer (aus der Mühle)

Zubereitung

Wurzelgemüse oder Reste von Schalen, Blättern und Pilzzuputz werden mit Zwiebel, Suppengrün und Kräutersalz langsam aufgekocht. Danach abseihen. Die gekochten Kartoffeln werden in den Gemüsesud mit einem Stabmixer eingearbeitet. (Man kann sie auch durch ein feines Sieb passieren.)
Feinnudelig geschnittene Sauerampferblätter beifügen und mit Obers vollenden. Mit Kräutersalz und Pfeffer nach Geschmack würzen.

Bei dieser Suppe wird gänzlich auf Mehl verzichtet, was sie leichter und bekömmlicher macht.

Ein kleines bißchen Volkskunde

Befinden Sie sich in der Weststeiermark, empfiehlt es sich, um Land und Leute besser kennenzulernen, wenigstens einige „stoansteirische " Ausdrücke zu beherrschen. Leicht ist es freilich nicht, die schnellgesprochenen, fast wie gebellt klingenden Laute eines echten Weststeirers mit Wörtern der genormten Hochsprache zu identifizieren. Mit etwas Geduld, offenen Ohren und schneller Auffassungsgabe werden Sie es schaffen!

Wenn Sie nicht in der Weststeiermark geboren sind, betrachten die Einheimischen Sie als „anners", was so viel wie anders, also fremd bedeutet. Daß man Ihnen im ersten Moment mit ein wenig Mißtrauen begegnet, darf Sie nicht entmutigen. Benehmen Sie sich natürlich, sind Sie freundlich und nett, wird man Sie nicht zu den „Kroupfertn", den Eingebildeten, zählen und sofort aufnehmen. Erweisen Sie sich als jemand, der seine Nase hoch trägt, ist es besser, Sie ziehen sich in abgelegene Regionen der Weststeiermark zurück, wo Sie auf keinen Einheimischen treffen. In der Abgeschiedenheit, auf weststeirisch „aunletzi", reizen Sie mit Sicherheit nicht die empfindlichen Gemüter.

Treffen Sie auf der Straße einen Bauern, heben Sie bitte, falls Sie Hutträger sind, ebenfalls Ihren Hut. Diese wohlwollend-entgegenkommende Geste wird mit großer Herzensbildung gleichgesetzt und Ihnen in den Augen ihres Gegenüber zur Ehre gereichen. Gelingt es Ihnen, den anfangs sicherlich schweigsamen Bauern zu einem Gespräch zu bewegen, verabsäumen Sie es nicht, ihn durch eine Bemerkung über seinen „Föti" - seine blaue Arbeitsschürze, die er außer beim Kirchgang immer trägt – davon in Kenntnis zu setzen, daß Sie über seinen unermüdlichen Fleiß Bescheid wissen. Er wird sich mit zunehmender Freundlichkeit dafür bedanken. Schließlich aber wird er es, sich selbst an seinen Arbeitseifer erinnernd, so „gneadi" (eilig) haben, daß er das Gespräch abrupt abbricht, um schnell an sein Tagwerk zurückzukehren.

Seien Sie nicht traurig darüber, es werden sich noch andere
Gelegenheiten zu einem „Trotsch" bieten.
Protzen Sie in ländlichen Regionen der Weststeiermark
niemals mit Ihrem Geld, man könnte Sie als „auhaberig"
betrachten! Diese Eigenschaft wird mit Menschen
gleichgesetzt, die nur über ihr Vermögen Freunde zu
gewinnen wissen. Außerdem sind Weststeirer durchwegs stolz
darauf, „kluag" (sparsam) zu sein. Sie verabscheuen zur
Schau getragenen Wohlstand. Das kann so weit gehen, daß
sie trotz guten Einkommens den Eindruck eines „oamen
Schluckers" vermitteln wollen, der sich nur aufgrund seiner
täglichen, harten Arbeit über Wasser halten kann.
Beim sonntäglichen Frühschoppen nach dem Kirchgang bietet
sich die Gelegenheit, Gespräche der Einheimischen beim
Stammtisch zu belauschen. Da es meistens um brennende
Fragen der Arbeit geht, ist es ratsam, sein Vokabular auch in
puncto Fachausdrücke zu vervollständigen. Wird von
„Ruabn", „Kaestn", „Krummbirn" gesprochen, handelt das
Gespräch von Problemen und Möglichkeiten des
Kartoffelanbaus. Sind Frauen dabei, hören Sie
möglicherweise von der erfolgversprechendsten Methode des
„Mrknziachns", was den Anbau der Salatgurke meint.
Lauschen Sie unter Gelächter der Umsitzenden der
Geschichte eines „okautn Saubärn", müssen Sie wissen, daß
sich ein liebeshungriges männliches Schwein, seinen Stall
unerlaubterweise verlassend, auf die Suche nach einer
Gefährtin begab. Hat eine „Sau gfadelt" oder eine „Kuah
kolbt" ist die Rede vom Nachwuchs unter dem „Viach". Viel
wird auch über „Kukkuruz" und „Woaz" gefachsimpelt,
wobei es sich immer um den hierorts überall angebauten Mais
handelt.
Mit welchem Eifer Sie auch immer dabei sind, das
Weststeirische zu erlernen, es geht nur dann gut, wenn Sie es
mit Liebe tun. „Schreams ummi" – ums Eck herum oder von
hinten – schaffen Sie es nicht. Sie müssen sich auf das Land
und die Leute einlassen, auf sie zu- und eingehen, nicht als
abseitiger Beobachter analysieren, sondern vollkommen und
ganz und gar darauf einsteigen. Ansonsten kann es Ihnen
passieren, daß Sie „schelch" angeschaut werden. „Schelch"

heißt schief oder schräg; nicht wenige sagen, daß auch der „Schilcher" von „schelch" kommt – von den schiefen und schrägen Hängen, auf denen er gebaut ist.

Von den Teichen und den Fischen

Die Fischzucht hat in der Weststeiermark eine lange
Tradition; die Teichwirtschaften eignen sich besonders für die
Karpfenzucht. Dieser herrliche Speisefisch gedeiht hier so
gut, daß er bereits am Ende des zweiten Zuchtjahres
Speisefischgröße erreicht.
Nach dem 2. Weltkrieg wurde auch der aus Ussuri in Sibirien
stammende grasfressende Amur eingesetzt. Er erreicht hier
ein Gewicht bis zu 20 Kilogramm. Auch der Silberkarpfen
gedeiht prächtig.
Besonders in letzter Zeit steigt die Nachfrage nach Fisch. Alte
Rezepte werden hervorgeholt und mit Erfolg nachgekocht.
Der Vollständigkeit halber muß noch erwähnt werden, daß
auch die Weinbergschnecken schon immer zu den
weststeirischen Delikatessen zählten und, wie man in alten
Kochbüchern nachlesen kann, häufig auf den Tisch kamen.
Leider sind die Krebse, die früher zu Abertausenden die
Gewässer belebten, durch die Krebspest ausgestorben.

Fischbeuschelsupp'n *4 Portionen*

Zutaten

1		Karpfen (Gewicht ca. 1 – 1 1/2 kg)
20	dag	Wurzelwerk (Karotten, Selleriewurzeln, Petersilwurz)
10	dag	Zwiebel
1/8	l	Rotwein
6	dag	Fettstoff (Schmalz, Butter oder Margarine)
6	dag	Mehl (glatt)
1/8	l	Sauerrahm
1 1/2	l	Salzwasser
3	Stk.	Würfelzucker
2	EL	Essig
		Salz
		Pfefferkörner
		Gewürzkörner (Piment)
		Lorbeerblätter

Zubereitung

Den Karpfen schuppen und ausnehmen. Galle, Schwimmblase und Darm vorsichtig entfernen, gut waschen. Den Karpfen filetieren, die Filets für das anschließende Rezept verwenden. Den Kopf (ohne Kiemen), die Gräten und die Flossen für den Fischfond verwenden.

Das Karpfenbeuschel in Salzwasser kurz kochen. Sollte es ein Rogner sein, den Rogen beiseite stellen. Die Milch (der Laich) wird mitgekocht.

Das Wurzelwerk schälen und fein reiben.

Die Gräten, Flossen und den Kopf mit den Wurzelschalen in Wasser zusetzen, mit Essig, Salz, Pfeffer- und Gewürzkörnern sowie Lorbeerblättern würzen. 25 Minuten kochen und abseihen.

Den Würfelzucker im Fett schmelzen, das geriebene Wurzelwerk und die feingehackten Zwiebeln anrösten. Nach

dem Gelbwerden mit dem Mehl stauben und gut durchrösten.
Mit Rotwein ablöschen und den Fischfond aufgießen und gut
durchkochen. Das in Stücke geschnittene Fischbeuschel, den
Rogen und den Rahm beifügen. Anstelle des Rogens kann man
auch etwas in Fett angerösteten Weizengrieß dazugeben.
Sehr gut schmeckt die Suppe, wenn man sie vor dem Servieren
mit in Fett braun gerösteten Semmelwürfeln bestreut.

Die Fischbeuschelsupp'n ist wahrlich eine Delikatesse. Lassen
Sie sich vom Namen „Fischbeuschel" nicht davon abhalten,
sie einmal zu versuchen!

Kleine kulinarische Wortkunde

S a u e r r a h m : der gesäuerte Rahm mit einem Fettgehalt
von 16%

B e u s c h e l : das Wort Beuschel wird im süddeutschen Raum
für sämtliche Innereien verwendet.

Gebackener Karpfen süß-sauer eingelegt
4-6 Portionen

Zutaten

1		Karpfen (Gewicht ca. 1 – 1 1/2 kg)
1/2	l	Essig (nach Geschmack verdünnt)
20	dag	Zwiebeln (weiß, geschält, in Ringe geschnitten)
		Zitronensaft
		Salz
1	Prise	Zucker
1	TL	Senfkörner
10	Stk.	Pfefferkörner
2	Stk.	Lorbeerblätter
5	dag	Mehl
1/4	l	Öl (hitzebeständig)

Zubereitung

Die ausgelösten Karpfenfilets in ca. 5 mm starke Streifen schneiden. Mit Zitronensaft beträufeln, in Mehl wälzen und in Öl knusprig herausbacken. (Die so zubereiteten Karpfenstreifen können auch nur gebacken genossen werden.) Den verdünnten Essig mit den Gewürzen aufkochen. In eine Glas-, Steingut- oder Porzellanschüssel abwechselnd Zwiebelringe und Karpfenstücke einlegen. Alles mit dem überkühlten Essig übergießen und über Nacht stehenlassen.

Dieses Gericht hält sich einige Tage und kann sowohl als pikante Vorspeise oder Jause als auch als Hauptgericht mit Salzkartoffeln serviert werden.
Gebackener Karpfen süß-sauer eingelegt ist ein ideales Rezept, wenn der Fang zu groß ausgefallen ist oder zu viel eingekauft wurde.

Polentakarpfen *4 Portionen*

Zutaten

4	Stk.	Karpfenfilets (oder ein halbierter Karpfen mit Kopf)
10	dag	Verhackert
20	dag	Sterzmehl
		Salz
		Zitronensaft

Zubereitung

Die Karpfenstücke zuerst mit Zitronensaft würzen und dann gut salzen. Anschließend in Sterzmehl (feiner Polentagrieß) wälzen und das Mehl gut andrücken.
Das Verhackert in einer Pfanne erhitzen und die Karpfenstücke einlegen. Ganz langsam auf beiden Seiten braten.

Dieses Rezept stammt von Theo Govedic, dem Fisch- und Kürbisspezialisten vom Predingerhof. Bei dieser Köstlichkeit vereinen sich drei weststeirische Spezialitäten: Sterz, Verhackert und Karpfen.

Kleine kulinarische Wortkunde

Verhackert: gesalzener, luftgetrockneter Rückenspeck, der nicht zu fein gehackt oder faschiert wird.

Sterzmehl: feiner, geriebener Maisgrieß. Der Steirer bezeichnet den Mais als „Woaz", die Maiskolben als „Woazstriezel".

Weststeirer-G'wand und „Hügel-Kost"

„Wie meine Vorfahren Land beackerten, durchpflüge ich das
Reich der Imagination, die Ebene der Phantasie. Meine
Feder ist die Pflugschar, das Blatt Papier die Scholle."
(Wolfgang Pollanz: „Bewohner der Ebene")

Erst die moderne Zeit hat es möglich gemacht, daß die Leute
sich anziehen, wie es ihnen beliebt. Diese Freiwilligkeit ist
trotzdem nur eine scheinbare, denn die jeweilige Mode wird
ihnen über die Medien diktiert. Die Vielfalt war größer, als
sich die Kleidung noch nach der Landschaft orientierte.
Viktor Geramb, der große Lehrer Hanns Korens, hat es in
seinem Trachtenbuch für die Weststeirer so schön formuliert:
„Der große Getreidereichtum hat im Hügelland nicht nur für
die Hausdächer sondern auch für die großscheibigen
Frauenhüte viel häufiger Stroh verwenden lassen, als dies in
der Obersteier geschah. Weiters haben die fast ausschließlich
weißwolligen Schafe dieser Landstriche zur besonders hellen,
beinahe weißen Art des „Hirschegger Lodens" Veranlassung
gegeben, die dem männlichen Steirerg'wand des Köflacher
Bezirks bis heute ein besonderes Gepräge verleiht."
Von Deutschlandsberg und Wies nach Leutschach und
Arnfels machten sich auch die Einflüsse der slowenischen
Steiermark bemerkbar: „In der stärkeren Verwendung
dunkelgefärbter und gestickter Schafspelze, weißer oder
gefärbter Leinenhosen und in der Stiefeltracht." Wegen des
milden Klimas ging man werktags von Mai bis Oktober gerne
barfuß.
Zwei Trends aber haben sich bis ins 19.Jahrhundert hinein
besonders durchgesetzt: Bei den Männern der lange grüne
Trachtenrock der Stainzer Gegend, kombiniert zuerst mit
dunklen Lederhosen, blauen Strümpfen und den hohen
„Bullkoglerhüten". Die Lederne wich später der langen
Trachtenhose, die Tracht überhaupt der grauen und braunen
Kleidung der Städter oder der blauen Montur der Arbeiter.

Bei den Frauen wurde die alte Leinentracht von
Baumwollstoffen abgelöst, zu den blauen Schürzen traten
auch schwarze. Der flache „Sulmerhut" wird heute noch
hervorgeholt. Das aus dem Südosten eingedrungene
Kopftuch ist bei alten Frauen noch geschätzt, die jungen
tragen ja kaum noch eine Kopfbedeckung.
Den Landschaften der Trachten entsprechen die
„Kostlandschaften". Milchprodukte und Schaffleisch sind
dominant für das Ennstal, Rinder und Getreide für das
Murtal. In der Weststeiermark bürgerten sich früher als
anderswo der Sterz und die Erdäpfel ein. Während die
reicheren Schichten auch dort auf Fleisch selten verzichten
mußten und in der Fastenzeit den mais-gemästeten Karpfen,
Huchen oder Hecht, Äsche und Aal konsumieren konnten,
war den ärmeren Leuten die saure Suppe immer ein
Kostbegleiter.
In der Weststeiermark hatten sie aber schon früh im Jahr den
grünen Salat, dann die Bohnschoten, später die Maiskolben
als „zweite Richt". Sterztommerl oder Nudeln, Erdäpfelsterz,
auch bescheidene Mehlspeisen bildeten die „dritte Richt".
Salat und Brot, Türkensterz und saure Milch, oder ein
„Weinzierlkoch" gab es übers ganze Jahr am Abend. Ein
Häferl Malzkaffee war schon etwas Besonderes. Aus all
diesen Kostvarianten entwickelten begabte Köche freilich die
Kostbarkeiten der Kochbücher.

Vom Rindvieh und anderem Viehzeug

Es nimmt nicht wunder, daß in der Weststeiermark die größten Fleischfabriken der Steiermark angesiedelt sind. Denn das hier gezüchtete Fleisch hat eine ganz besondere Qualität.

Vor allem das sogenannte „Styria Beef" hat innerhalb kürzester Zeit den Markt erobert. Grundlage dieses vorzüglichen Fleischangebotes ist die Mutterkuhhaltung. Die Kälber bleiben dabei bei der Mutterkuh und ernähren sich von Milch und dem frischen Gras auf der Weide. Damit diese Art der Zucht nicht zur Massentierhaltung wird, darf jeder Bauer, entsprechend der Größe seiner Weidefläche, nur eine bestimmte Menge von Tieren halten.

Das Fleisch des jungen Rindes – man kann nicht mehr von einem Kalb sprechen – ist von außerordentlichem Wohlgeschmack und unvergleichbarer Zartheit.

Was nun die „Schweinderl" betrifft, so legt die berühmte Brettljausn, die ja zum Großteil aus „Schweinernem" besteht, das beste Zeugnis für die weststeirische Kunst des Einbeizens, Räucherns und Wurstens ab. Diese Fertigkeiten sind Männerarbeit, und der Stolz jedes Bauern ist es, ein besonders gutes Geselchtes, einen zarten Speck und gschmackige Würste zu haben.

Im Kapitel „Vorratshaltung" soll noch ausführlich davon berichtet werden.

Wurzelfleisch *4 Portionen*

Zutaten

90	dag	Schweinefleisch (Schulter, Brust, auch vordere oder hintere Stelze, eventuell Schopf)
20	dag	Karotten (nudelig geschnitten)
25	dag	Selleriewurzel (nudelig geschnitten)
15	dag	Petersilwurzel (nudelig geschnitten)
5	dag	Kren (gerieben)
		Pfefferkörner
		Essig
		Salz
		Piment (Gewürzkörner)
		Wacholderbeeren
		Petersilie (gehackt)
		Lorbeerblatt

Zubereitung

In einem Kochtopf so viel Wasser aufsetzen, daß das Fleisch später damit gut bedeckt ist. Das Wasser, mit einem Schuß Essig gesäuert, mit den Schalen des Wurzelgemüses, den Stengeln des Petersils, einigen Pfeffer- und Gewürzkörnern, mit Wacholderbeeren und einem Lorbeerblatt gewürzt zum Kochen bringen.
Das Fleisch in den kochenden Sud einlegen, weichkochen, herausnehmen und warmstellen. Den Sud durch ein feines Sieb seihen und das Wurzelgemüse darin kernig weichkochen.
Das Fleisch in Scheiben schneiden, mit Wurzeln bedecken, mit geriebenem Kren und Petersilie bestreuen und mit etwas Suppe übergießen.
Dazu servieren wir Salzerdäpfel.

Sollten Sie beim Einkauf von Ihrem Fleischer eine Zuwaage in Form von Knochen bekommen haben, können Sie diese selbstverständlich mitkochen.

Die verbleibende Suppe auf keinen Fall weggießen. Sie schmeckt hervorragend und kann als Basis für Gemüsesuppe oder wie eine Rindsuppe verwendet werden.

Das Wurzelfleisch ist nicht zu Unrecht weit über die Grenzen des Landes hinaus bekannt, enthält es doch alles, was gut ist und in bester Qualität hier gedeiht: Wurzeln, Schweinernes und Kren.

Sausaler Rindschnitzel *4 Portionen*

Zutaten

60	dag	Rindschnitz (4 Tranchen à 15 dag)
8	dag	Karotten (feingehackt)
8	dag	Selleriewurzel (feingehackt)
4	dag	Petersilwurz (feingehackt)
8	dag	Zwiebeln (feingehackt)
8	dag	Essiggurkerln (feingehackt)
1	TL	Senf
1	TL	Petersilgrün (gehackt)
8	dag	Selchspeck (feinwürfelig geschnitten)
1	dl	Weißwein
1	dl	Sauerrahm
		Rindsuppe zum Aufgießen
		Salz
		Pfeffer
		Zitronenschale
		Mehl
		Fettstoff

Zubereitung

Karotten, Sellerie- und Petersilwurz, Zwiebel und Essiggurkerl
fein hacken, Speck und Petersilie daruntermischen. Mit Senf,
Zitronenschale, Salz und Pfeffer würzen.
Die dünn ausgeklopften Rindschnitzel mit dieser Masse füllen,
einrollen, in Mehl wälzen und in einer Bratpfanne von allen
Seiten braun anbraten.
In eine Kasserolle schlichten, den mit Weißwein gelöschten
Bratenrückstand darübergießen und weichdünsten.
Die Rindschnitzel herausheben, die Sauce mit Sauerrahm
vollenden.
Als Beilage passen hervorragend hausgemachte
Bandnudeln.

Das Sausaler Rindschnitzel ist die steirische Variante der allerorts beliebten Rindsroulade.

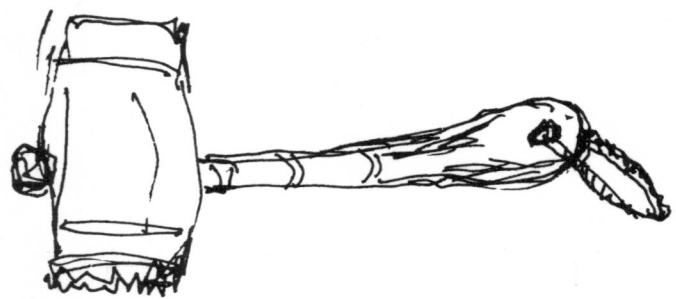

Winzerkotelett · 4 Portionen

Zutaten

4	Stk.	Schweinskotelett (mit Knochen)
1		Ei
		Brösel
		Mehl
		Pökelsalz
		Pfeffer
		Backfett

Zubereitung

Die Schweinskoteletts mit Pökelsalz einreiben und in einem Plastiksackerl drei Tage im Kühlschrank liegen lassen. Ab und zu umdrehen.
Vor der Zubereitung abwaschen, wie gewohnt panieren und langsam in heißem Fett backen.

Selbstgepökeltes Schweinskotelett ist schon etwas Besonderes!

Wurzelbraten vom Rind oder Schwein *4 Portionen*

Zutaten

1	kg	Bratenfleisch (vom Rind oder Schwein)
10	dag	Karotten (grob geschabt)
10	dag	Sellerieknolle (grob geschabt)
10	dag	Petersilwurzeln (grob geschabt)
15	dag	Zwiebeln (grobwürfelig geschnitten)
2	Zehen	Knoblauch (gehackt)
1	dl	Sauerrahm
		Fettstoff
		Rindsuppe zum Aufgießen
		Salz
		Pfeffer
		Lorbeerblatt
		Senf

Zubereitung

Das Fleisch wird mit Salz und Pfeffer eingerieben und in einer eisenen Bratpfanne von allen Seiten scharf angebraten.
Im gleichen Fett Wurzelwerk, Zwiebeln und Knoblauch anrösten.
Das Fleisch in eine passende Kasserolle mit dickem Boden geben, mit etwas Rindsuppe untergießen und halbweich dünsten. Erst dann die Gemüseröstung beifügen, damit diese nicht zur Gänze verkocht.
Ist alles fertiggegart, wird die Sauce mit Mehl gebunden, der mit Suppe verdünnte Sauerrahm dazugegeben und alles zu einem molligen Ragout verkocht.
Das Fleisch in Scheiben schneiden und mit der Sauce servieren.
Als Beilage dienen hausgemachte Bandnudeln

Der Steirische Wurzelbraten hat einen größeren Anteil an Wurzelgemüsen, die nicht passiert, sondern mitserviert werden.

Eingemachte Hühner nach Greisdorfer Art

4 Portionen

Zutaten

1	Stk.	Brathuhn (Gewicht ca. 1 1/2 kg)
5	dag	Karotten (grob geschabt)
5	dag	Sellerieknolle (grob geschabt)
5	dag	Petersilwurz (grob geschabt)
5	dag	Zwiebeln (feingehackt)
5	dag	Fettstoff
10	dag	Petersilie (gehackt)
5	cl	Sauerrahm
		Salz
		Weißer Pfeffer
		Muskat
		Zitronenschale
		Mehl zum Stauben

Zubereitung

Aus Hühnerklein mit Fett und Gemüseputz eine Hühnersuppe
(Fond) ansetzen.
Hühnerteile würzen, bemehlen und in einer Pfanne scharf anbraten. Anschließend darin Wurzelwerk und Zwiebeln anrösten. In
eine Kasserolle mit dickem Boden zuerst das angeröstete Wurzelwerk mit den Zwiebeln legen und darüber die Hühnerstücke
geben. Mit Suppe untergießen und weichdünsten. Danach wieder
herausnehmen und die Röstung mit Mehl stauben, Sauerrahm
dazugeben, mit Suppe aufgießen und gut durchkochen.
Zitronenschale gibt einen besonderen Pfiff!
Die Hühnerstücke in der Sauce noch einmal wärmen, mit
Petersilie bestreut zu Tisch bringen.

Die mit reichlich Wurzelgemüse angerichtete Einmachsauce
wird in der steirischen Küche nicht passiert, sondern kommt
so auf den Tisch, wie sie ist.

Steirisches Poulard gebraten

Zutaten

1	Stk.	junges Masthuhn (Gewicht ca. 1 1/2 kg)
6	dag	Schweineschmalz (notfalls anderes Bratenfett)
6	dag	Butter (kalt, in Flocken)
2	EL	Obers
		Salz
		Weißwein

Zubereitung

Poulard in zwei Hälften schneiden. Aus dem Kragerl, dem überschüssigen Fett, dem Hühnerklein (Herz, Leber und Magerl) mit etwas Wurzelwerk, Grünzeug und Salz eine Hühnersuppe (Fond) ansetzen.

In einer Bratpfanne Poulardhälften mit der Fleischseite nach oben einlegen. Im Backrohr bei 220 Grad mit Ober- und Unterhitze braten. Ab und zu mit Hühnersuppe untergießen. Nach halber Bratzeit die Hühnerteile mit Obers bepinseln. Gegen Schluß nur mehr mit Fett übergießen, da das Huhn sonst nicht knusprig wird.

Das fertige Huhn aus der Pfanne nehmen, überschüssiges Fett abgießen, den Bratenfond mit etwas Weißwein und der Hühnersuppe aufgießen und durchkochen lassen. In der eingekochten Sauce die Butterflocken auflösen. Den Saft durch ein Haarsieb abgießen und separat reichen.

Das Huhn in acht Teile teilen und anrichten.

Aus dem restlichen Hühnerfond läßt sich eine vorzügliche Hühnereinmachsuppe bereiten! Als Beilage eignen sich die traditionellen steirischen Bröselknödel.

Wadschunkenscheiben in Rotweinsauce *4 Portionen*

Zutaten

1	kg	Wadschunkenscheiben (4 Stk. zu 25 dag)
20	dag	Wurzelgemüse (grobnudelig geschnitten)
10	dag	Zwiebeln
1	Zehe	Knoblauch (feingehackt)
1/4	l	Rindsuppe
1	EL	Tomatenmark
1/4	l	Rotwein (herb)
		Salz
		Schwarzer Pfeffer
		Mehl
		Bratenfett
1	TL	Zitronenschale (gehackt)
1	Zehe	Knoblauch (ganz)
1	TL	Petersilie

Zubereitung

Die Wadschunkenscheiben, vom Fleischer bereits vorgeschnitten, werden gepfeffert, gesalzen, bemehlt und in einer Pfanne in heißem Fett goldbraun gebraten. Im gleichen Fett später Wurzelwerk und Zwiebeln anrösten. Zum Schluß eine Zehe feingehackten Knoblauch und 1 TL Tomatenmark hinzugeben.

In einer Kasserolle mit dickem Boden zuerst das Gemüse einlegen und dann die Wadschunkenscheiben nebeneinander darübergeben. Mit Rindsuppe untergießen, so daß die Scheiben knapp mit Suppe bedeckt sind. Die Wadschunkenscheiben bei mittlerer Hitze langsam weichdünsten. Die verdunstete Flüssigkeit abwechselnd mit Rindsuppe und Rotwein ergänzen.

Sind die Wadschunkenscheiben weich, auf einer Platte anrichten und mit Sauce übergießen.

*Zum Schluß mit der Mischung aus gehackter Zitronenschale,
Knoblauch und Petersilie bestreuen.
Zu diesem Gericht passen am besten flaumige
Serviettenknödel, Teigwaren oder Salzkartoffeln.*

Das Fleisch des „Wadschunken" sowie der mitgedünstete
Knochen mit dem Mark ergeben eine Sauce von besonders
feinem Geschmack.

Bluttommerl
für 5 starke oder 10 schwache Esser

Zutaten

1/3	l	Milch
1/3	l	Wasser
1/3	l	Schweineblut
25	dag	Mehl
20	dag	Zwiebeln (nudelig geschnitten)
5	dag	Schweinefett (feinwürfelig geschnitten)
5	dag	Speck (weiß)
1	Zehe	Knoblauch
		Salz
		Pfeffer
		Thymian
		Majoran

Zubereitung

*Zur Herstellung dieser Speise verwendet man am besten eine
eiserne Pfanne.*
Die Zwiebeln in feinwürfelig geschnittenem Speck rösten.
*Wasser, Milch, Schweineblut, Ei, Mehl und Gewürze gut
durchrühren. Diese Mischung über die heißen Zwiebeln gießen
und im Backrohr backen.*
*Der Bluttommerl kommt in der Pfanne zu Tisch und soll ganz
frisch genossen werden.*

Bluttommerl ist eine jener Speisen, bei der so mancher die
Augen vor Genuß verdreht, der andere aber kaum
hinschauen kann.

Kleine kulinarische Wortkunde

To m m e r l : auch Thommerl, hat seine Bezeichnung vom Vornamen Thomas. Man versteht darunter eine im Backrohr zubereitete Speise.

Die Schilcher-Lebensphilosophie

Wenn Herr Josef morgens um sechs Uhr aufsteht, so tut er das mit jener Selbstverständlichkeit, die allen fleißig arbeitenden Menschen anhaftet. Er tut es schon seit über 70 Jahren und ist kein einziges Mal auf die Idee gekommen, einfach im Bett liegen zu bleiben. Er verabscheut faule Leute, die ihren Tag mit Nichtstun vergeuden. Das wichtigste in seinem Leben ist das Arbeiten. Er hat es deshalb schon um sechs Uhr „gnädig", was alle Weststeirer ständig haben: sie haben keine Zeit. Bei den Schilcher-Weinbauern ist das besonders schlimm. Sie betrachten ihre Arbeit als Hobby, das ihren ganzen Tag ausfüllt. Die Liebe und Hingabe, die sie in ihre Reben investieren, ist etwas Ausschließliches. Nichts sonst bewegt sie so sehr wie das Wachsen und Reifen des Weins, das Pressen und das Keltern.

Herr Josef sagt von sich selbst, daß er einer aussterbenden Rasse angehört. Viele seiner Freunde gibt es nicht mehr. Deren Söhne führen jetzt die Landwirtschaft oder sind Schilcher-Bauern geworden. Er kennt die Jungen gar nicht mehr und außerdem sind sie ganz anders als er. Überhaupt paßt ihm die neue Zeit nicht. Sie rast viel zu schnell dahin. Das Alte und ehemals Beständige ist verschwunden. Heute tut jeder, was er glaubt und wie er will. Herr Josef zweifelt an der Zukunft. Wenn das so weitergeht, meint er, wisse bald niemand mehr, „wer Mannerl oder Weiberl" sei. Seine Welt war immer eine klar aufgeteilte. Seine Frau arbeitete zu Hause in der Küche, führte die Wirtschaft, verwaltete das Geld und sorgte für die Familie. Er konnte sich dadurch ganz seiner großen Liebe, dem Weinbau, widmen. Heute sind die jungen Frauen überall dabei. Alles wollen sie wissen und kennen. Sie machen sogar die Männerarbeit, das allerdings nicht sehr gut, wie Herr Josef befindet. Er hat schon ein paar Schwiegertöchter, mit denen er sehr zufrieden ist, doch die Freundin vom jüngsten Sohn bereitet ihm Kopfzerbrechen. Sie will ständig alles haben, schmeißt das Geld beim Fenster raus, will zweimal im Jahr auf Urlaub fahren. Er war noch nie in seinem Leben auf Urlaub. Er wüßte auch gar nicht, was er woanders tun sollte.

Sein Jüngster möchte den Weinbau ausweiten. Er hat entdeckt, wie teuer der Schilcher in Wien verkauft wird. Er glaubt, daß man aus dem Boden noch mehr herausholen könnte. Herr Josef hingegen ist glücklich über die 5000 Liter Schilcher, die er aus 1 1/2 Hektar Weinberg gewinnt. Er will nicht, daß seinen Reben Gewalt angetan wird, um den doppelten Ertrag zu erhalten. Er streitet sich auch oft mit Fachleuten, die zu ihm kommen und ihm erklären wollen, wie und was er noch zu machen hätte, um besseren und mehr Schilcher zu erhalten. Es ärgert Herrn Josef, daß es immer ums Geld geht. Die wahre Weinbaukultur sei mittlerweile zweitrangig geworden, meint er. Er kann sich noch erinnern, wie der Weinbau nach 1918 darniederlag. Damals hatte man die sogenannten „Messerstecher" angebaut. Diese Weine waren zwar süffig, doch so mit Blausäure durchsetzt, daß Leute regelrechte Vergiftungen nach deren Genuß davontrugen. Diese „Messerstecher" hatten auch den guten Namen des Schilcher-Weins versaut, weil alle Nicht-Weststeirer ihn mit dem giftigen Wein gleichsetzten. Langsam haben die Weinbauern dann angefangen, die durch den Krieg verwahrloste Schilcherrebe zu kultivieren. Der Schilcher blieb aber lange Zeit ein reiner Hauswein. Bei den zahlreichen Hausfesten, die Herr Josef in seinem Buschenschank gab – manchmal kamen 300 bis 400 Menschen – wurde immer Schilcher getrunken. Damals waren die Menschen wirklich lustig. Sie wußten sich miteinander zu unterhalten, zu tanzen und zu lachen. Die Messerstechereien, die vorkamen, waren zwar nicht selten, doch auch nicht immer so gefährlich, wie man glauben könnte. Viele Männer trugen damals ihren „Veitl" mit sich herum, zogen ihn auch bei Gelegenheit, doch wirklich zustechen wollten sie eigentlich nie. Es waren eher Drohgebärden. Freilich kam ab und zu einer ins Krankenhaus, aber am darauffolgenden Wochenende ging der schon wieder auf das nächste Fest.

Wenn der Winter noch nicht ganz ausgeklungen ist, beginnt für Herrn Josef schon das Weinbaujahr. Ende Februar,

Anfang März, wenn kein kaltes Wetter mehr zu erwarten ist, beginnt er mit dem Schneiden der Weinstöcke. Anschließend wird gedüngt und gespritzt. Das muß sein, um die Milben und Würmer vom Weinstock fernzuhalten. Im Mai, zur Zeit der „Eisheiligen", gerät Herr Josef regelmäßig in einen ängstlich-gespannten Zustand. Er beäugt seine Weinstöcke täglich mehrmals und hofft, daß sie den plötzlichen Frosteinbruch gut überstehen. Der Schilcher bleibt zum Glück von Pankratius, Servatius und Bonifatius meist unbeeindruckt. Nach den allerletzten Frosttagen im Jahr geht es ans Ausbrechen der überschüssigen Triebe. Danach wird gejätet, und die langen Triebe des Weinstocks werden nach oben gebunden. Im August schneidet Herr Josef die mit großen Blättern bewachsenen Triebe noch einmal nach, um genug Sonnenbestrahlung für alle Reben zu garantieren. Manchmal unterhält er sich mit den Trauben, hebt die Reben zärtlich an und blickt auf die blaue Haut der einzelnen Trauben. Er glaubt, daß der persönliche Kontakt zu jeder einzelnen Rebe für deren Wachstum wichtig ist. Außerdem sieht er dadurch sofort einen Schädlings- oder Pilzbefall. Er erinnert sich noch an das Auftauchen der ersten Reblaus in der Weststeiermark und das hilflose Danebenstehen und Nichts-tun-können. Heute ist das freilich leichter, gibt Herr Josef zu, mit all der Chemie, die eingesetzt wird. Trotzdem glaubt er auch an seine Methode des guten Zuredens, wenn ein Weinstock nicht recht tragen will. Vieles, was Herr Josef glaubt, wird von seinem jüngsten Sohn belächelt. Das stört ihn aber nicht, denn auch „der wird es noch einmal billiger geben", meint Herr Josef.

Wenn es im Herbst auf das Lesen zugeht, befällt Herrn Josef eine ungeheure Euphorie. Jeden schönen Tag begrüßt er mit lachendem Gesicht. Er blickt in den Himmel, beachtet den Wind, versucht all jene Zeichen zu deuten, die einem alten Weinbauern von der Natur eingeflüstert werden. Manchmal zweifelt er an seinem Einschätzungsvermögen und blickt in den Hundertjährigen Kalender. Wenn der schlechtes Wetter voraussagt, weiß Herr Josef, daß die Lese nicht mehr aufgeschoben werden darf. Doch dann kommt noch ein sonniger Tag, dann noch einer … Das schöne Wetter ist so wichtig für den Schilcher. Je mehr Sonne er bekommt, desto süßer wird er. Früher hat Herr Josef selbst an besserem Wetter mitgewirkt. Er war ein „Wetterschießer", der nicht nur seinen Weinberg sondern auch die Felder der Bauern vor Gewittern schützte. Heute ist das „Wetterschießen" nicht mehr in privater Hand. Gewitterwolken werden nunmehr per Flugzeug verjagt.

Herr Josef schüttelt nachdenklich seinen Kopf. Das Weinlesen ist auch heute noch sehr schön, doch früher war es ein wirkliches Ereignis. Nach der Lese ist man zusammengesessen, hat gefeiert, und selbst die „Kropferten" haben gerne daran teilgenommen. Die Weinlese hat soziale Unterschiede nivelliert, weil Reich und Arm gleichermaßen Freude an einem guten „Tröpferl" hatten.

Ist der gepreßte Saft der Schilchertraube im Faß, wollen alle Kenner des Schilchers ein Glas Sturm trinken. Der Sturm ist das erste Gärungsprodukt des zu zwei Drittel mit Most vollgefüllten Fasses. Herr Josef geizt aber viel zu sehr mit seinem Schilcher, als daß er ihn als Sturm trinken läßt. Wenig beeindruckt vom heftigen Drängen der Sturm-Liebhaber, wartet Herr Josef einige Wochen, bis der erste Gärungsprozeß vorbei ist und der Jungwein im Faß heranreift. Danach wird der Rest des Fasses mit Wein aufgefüllt, damit kein Sauerstoff mehr dazukommt und sich das Bouquet voll entwickeln kann.

Herr Josef weiß nicht, ob früher alles leichter war, sicher ist er nur, daß ihm alles überschaubarer galt. Das hängt natürlich mit der Kraft und der Gesundheit zusammen, die er mittlerweile verloren hat. Herr Josef ist über 80 Jahre alt. Man merkt gar nicht, daß man mit einem so alten Mann spricht. Seine Ansichten sind klar und so formuliert er sie auch. Seine Lebensweisheit ist groß, sein Verständnis für Schilcher-Weinbau ist enorm – und doch wird nach seinem Tod alles anders weitergehen. Was nützt es, meint er, wenn er so viel weiß – niemand interessiert sich dafür, niemand will etwas von seinem Wissen übernehmen. Früher hat er seinem Sohn alles mögliche erzählt und damals hat der auch zugehört. Heute hört er nicht mehr zu und sagt günstigstenfalls „ist schon gut, Vater". Herr Josef ist deswegen nicht verzweifelt; das ist eben der Lauf der Welt – so war es ja schon immer. Er selbst hat Neues in seinem Weinberg eingeführt, und auch sein Vater hat das nicht verstanden. Das Gute allerdings, das er von der Generation vor ihm gehört hat, hat er beibehalten. Heute scheint nichts mehr gut genug zu sein. Alles soll anders gemacht werden, „effizienter sein", wie es heißt. Nun gut, sagt Herr Josef, sollen sie machen, wie sie wollen. Solange sie den Schilcher noch Schilcher sein lassen, kann nicht alles falsch sein. Abends sitzt Herr Josef bei einem Glas Schilcher. Er braucht das zum Nachdenken und zum Einschlafen. Der Schilcher hat ihn lange jung gehalten, sagt er. Er glaubt an die Kraft des Rebensaftes, der immer noch wärmend durch seine Adern fließt. Kommen Leute zu ihm, die Sorgen haben, stellt er ihnen auch ein Glas Schilcher hin. Nach ein paar Schlucken schaut die Welt dann nicht mehr ganz so traurig aus; vielleicht findet der eine oder andere tatsächlich Lösungen für seine Probleme – zumindest kann er sie für kurze Zeit vergessen. Herr Josef hält nichts vom „Saufen", er selbst hat das nie getan und würde es auch niemandem raten. Ein Glas Schilcher reicht, um das Bewußtsein zu erweitern, um die Welt anders, besser zu sehen. Der Glanz des Schilchers im Glas geht auf den Trinkenden über – die Welt wird dadurch nicht rosarot, sie wird nur ein bißchen erträglicher, meint Herr Josef.

Von den Lämmern und den Schafen

Sie fühlen sich schon ganz besonders wohl, die Lämmer auf den Weiden des weststeirischen Hügellandes. Da man einst Schafe eher schlachtete als Lämmer, schätzte man das Lammfleisch wegen seines strengen Geschmacks weniger. Seit man aber dazu übergegangen ist, mit Lammfleisch zu kochen – dies wurde erst möglich, nachdem die Wolle der ausgewachsenen Tiere nicht mehr zur Stofferzeugung verwendet wurde – , gewinnt es immer mehr Liebhaber. Der „Jagawirt" aus Sommereben, auch „der Goach" genannt, ist ein Kenner auf dem Gebiet der Zubereitung von Würsten aus Lammfleisch. Und aus Schafsmilch stellt er den besten Käse her.

Gebackenes Lämmernes

Zutaten *pro Person*

1	Stk.	Schulter (mit Knochen zu 10 dag)
1	Stk.	Brust (mit Knochen zu 10 dag)
1	Stk.	Hals (mit Knochen zu 10 dag)
		Salz
		Ei
		Brösel
		Fett

Zubereitung

Die Lammstücke werden zart gesalzen, bemehlt und durch ein gesalzenes, zerklopftes Ei gezogen. Um eine luftige Panier zu erhalten, werden die Brösel erst im letzten Augenblick zart angeklopft.
In eine Kasserolle so viel Fettstoff geben, daß das Backgut darin schwimmt. Das Fett gut heiß werden lassen und die Stücke zugedeckt darin backen. (Da das Fett nicht abkühlen soll, lieber zwei- bis dreimal einlegen!)
Stücke auf Küchenkrepp gut abtropfen lassen.
Als Beilage ist Erdäpfelsalat einen Versuch wert.

Ein junges, gebackenes Lämmchen steht einem Backhendel sicher in keiner Weise nach.

Lammschinken hausgemacht *(Grundrezept)*

Zutaten

1		Lammkeule (Gewicht ca. 2 1/2 kg)
25	dag	Meersalz
8	dag	Zucker (braun)
15	g	Salpeter
25	g	Neugewürz (Piment, Nelkenpfeffer, zerdrückt)
25	g	Pfefferkörner (schwarz, zerdrückt)
15	g	Koriander (zerdrückt)

Zubereitung

Piment, Pfeffer und Koriander grob schroten, in einer Schüssel mit dem Meersalz, dem Zucker und dem Salpeter vermischen. Die Lammkeule gut waschen, trockentupfen und die Gewürzmischung ins Fleisch einreiben. In eine Porzellan- oder Nirostaschüssel legen, die restliche Gewürzmischung darüberstreuen. An einem kühlen Ort (Keller oder Speisekammer) eine Woche liegen lassen. Jeden Tag wenden und mit der Flüssigkeit, die sich langsam bildet, übergießen.

Er gehört unweigerlich zum Osterfest: der Schinken – aber muß er unbedingt vom Schwein sein? Wie wäre es, Sie würden einmal selbst zur Schinkenproduktion schreiten? Und das mit einem Lammschinken!
Nun, so schwierig ist die Angelegenheit gar nicht, und das Ergebnis wird Sie überraschen. Wir bieten Ihnen hier zwei Rezepte, bei denen der Lammschinken einmal kalt, das andere Mal warm genossen wird. Daß Lammschinken gesünder ist als der vom Schwein, sei nur nebenbei erwähnt. Für welche der beiden Zubereitungen Sie sich entscheiden, ist egal, denn die Vorbereitungen sind für beide die gleichen.

Lammſchinken in Rotweinſauce

Zutaten

1		Lammschinken (siehe Grundrezept)
15	dag	Spickspeck
15	dag	Wurzelwerk (Karotten, Sellerieknolle, Petersilwurz)
10	dag	Zwiebeln
10	dag	Butter
1/2	l	Rotwein (kräftig)
2	EL	Hagebuttenmarmelade
2	TL	Maizena oder Mondamin
1/4	l	Rindsuppe
		Pfeffer
		Cayennepfeffer

Zubereitung

Den Lammschinken gut waschen und mit dünnen Speckstreifen, die man zuvor in Pfeffer gewälzt hat, eng spicken.

Eine passende Bratpfanne mit dem feingeschnittenen Wurzelwerk, den grobgeschnittenen Zwiebeln und den Speckresten auslegen. Den Lammschinken daraufsetzen und mit zerlassener Butter bestreichen. Im Rohr bei 250 Grad von allen Seiten schön braun braten.

Die Röstung mit etwas Rotwein und Rindsuppe löschen. Die Pfefferkörner, die Gewürzkörner und das Lorbeerblatt beifügen und einige Zeit weiter braten.

Die Hagebuttenmarmelade in einem 1/8 l Rotwein auflösen und damit den Schinken begießen. Weiter braten und laufend mit dem Bratensatz übergießen. Dadurch wird der Schinken „glasiert" und bekommt einen glänzenden Überzug. (Im Gegensatz zu einem Lammschlögel, der stets nur leicht rosa gebraten werden soll, muß der Lammschinken durchgebraten werden. Man erkennt dies, indem man mit einer Spicknadel einsticht. Sobald ein klarer Saft austritt, ist der Schinken fertig.) Den Schinken anschließend in eine Alufolie wickeln und im offenen Rohr rasten lassen.

Die Bratpfanne auf den Herd stellen, mit Rindsuppe und Rotwein vergießen und alles gut durchkochen. Den Sud durch ein Haarsieb seihen, die Sauce entfetten, mit Cayennepfeffer würzen (die leicht süßliche Sauce benötigt unbedingt ein wenig Schärfe), Maizena oder Mondamin in Rotwein verrühren und die Sauce damit binden.

Beim Anrichten gibt man einen Saucenspiegel auf die Platte, legt den aufgeschnittenen Schinken darauf und reicht die restliche Sauce dazu.

Den Schinken kann man mit in Butter gebratenen Ananasscheiben garnieren.

Lammragout auf Wildbret-Art *4-6 Portionen*

Zutaten

1	kg	Lammschulter
8	dag	Hamburger Speck
3	dag	Schweineschmalz
5	dag	Karotten
5	dag	Sellerieknolle
5	dag	Petersilwurzeln
5	dag	Zwiebeln
1/4	l	Rotwein (kräftig)
1/8	l	Sauerrahm
1	EL	Hagebuttenmarmelade
		(oder passierte Preiselbeeren)
		Salz
		Pfeffer
		Thymian
		Wacholderbeeren
		Senf
		Mehl (zum Binden)

Vorbereitung

*Die Lammschulter in ca. 4 dag schwere Würfel schneiden.
Das Wurzelwerk schälen und ebenfalls in kleine Würfel
schneiden; einige Wacholderbeeren zerdrücken.
Alles in einem Steingut- oder Porzellantopf vermischen und mit
dem Rotwein übergießen. Kühlstellen und mindestens eine
Nacht lang einbeizen lassen. (Im Kühlschrank kann man diese
Mischung einige Tage aufbehalten.)*

Zubereitung

*Das Fleisch mit dem Wurzelwerk abseihen, die Beize beiseite
stellen, Fleisch und Gemüsewürfel trennen.*
*Den Hamburger Speck in Würfel schneiden und in einer
schweren Kasserolle mit dem Schweineschmalz goldgelb
anrösten.*
*Die abgetropften Gemüsewürfel beifügen und gut rösten. Die
zerhackte Zwiebel dazugeben und weiterrösten, bis die
Mischung dunkelbraun ist. Mit etwas Rotweinbeize ablöschen,
das Fleisch und die Hagebuttenmarmelade beifügen, mit einer
Prise Thymian würzen.*
*Zugedeckt weichdünsten und laufend mit der Rotweinbeize
untergießen.*
*Den Sauerrahm glattrühren, mit etwas Mehl und Senf
vermischen und das fertige Ragout damit binden.*
*Als Beilage eignen sich breite Bandnudeln, Kroketten oder
Reis.*

G'legte Goachtascherln

4 Portionen

Zutaten *(Teig)*

30	dag	Mehl (griffig)
3		Eier
1	TL	Salz

Zubereitung

Das Mehl in eine Schüssel geben, die Eier hineinschlagen und mit einem gestrichenen TL Salz würzen.
Mit einer Gabel Eier und Mehl vermischen (sollte der Teig zu fest werden, einen EL Wasser dazugeben).
Den Teig auf die Arbeitsfläche geben und sehr gut durchkneten. In eine Klarsichtfolie gewickelt mindestens eine halbe Stunde rasten lassen.

Zutaten *(Fülle)*

1	kg	Lammbrust (oder Hals)
10	dag	Wurzeln (Karotten, Sellerie, Petersilwurz)
5	dag	Zwiebeln
		Essig
50	dag	Spinat (Brennessel, Sauerampfer)
5	dag	Zwiebeln
2	dag	Knoblauch
		Salz
		Pfeffer (aus der Mühle)
4	Blatt	Bärlauch
1	Zweig	Minze
1		Ei
10	dag	Butter

Zubereitung

Die Lammbrust (oder den Lammhals) in einem Wurzelsud, den wir mit etwas Essig gesäuert haben, weichkochen. Völlig erkalten lassen. Das Fleisch von den Knochen lösen. (Wer den Lammgeschmack nicht schätzt, der sollte auch das sichtbare Fett entfernen). Danach das Fleisch grob hacken oder faschieren.

Den Spinat (die Brennesseln, den Sauerampfer oder eine Mischung aus allen drei Sorten) in kochendem, leicht gesalzenem Wasser überkochen (blanchieren), abseihen und nach dem Ausdrücken grob hacken.

Feingehackte Zwiebeln in Butter anschwitzen, den Knoblauch in feine Scheiben schneiden und dazugeben. Alles mit Fleisch und Spinat vermischen, mit Salz und dem schwarzen Pfeffer (aus der Mühle) würzen.

Die Mischung kann noch mit etwas feinstreifig geschnittenem Bärlauch, etwas Minze oder Oregano verbessert werden.

Den Teig dünn ausrollen und in handbreite Streifen schneiden. Mit verschlagenem Ei bestreichen. Kleine Häufchen der Fülle in die Mitte legen. Den Teig von beiden Seiten darüberschlagen. Mit einem Kochlöffel die Tascherl markieren und durch einen Dessertteller mit flachem Rand abtrennen. Eventuell die Ränder noch mit den Fingern zusammendrücken, damit keine Fülle ausrinnen kann.

Die Tascherln in wallendem Salzwasser ca. 10 Minuten kernig weich kochen, herausnehmen und mit brauner Butter übergossen servieren.

Weinspezialitäten und Wetterkapriolen

„Weißt Du, Freund, wenn's Herz nicht ganz stimmt, dann geschwind ein Viertel Schilcher und ein Portoricerl, und schon wieder geht es bum, bum, bum..." (Hans Klöpfer)

Es ist zweihundert Jahre her, daß der in Maria Lankowitz eingekehrte Papst Pius VI. entsetzt bemerkte: „Die haben uns einen rosaroten Essig vorgesetzt, den sie Schilcher nannten." Auch anderswo soll die Kunst der Weinbauern damals noch nicht so toll gewesen sein. Gut Ding braucht Weile.
Heute ist der steirische Wein – und damit auch der südweststeirische – ein internationaler Aufsteiger geworden. Hauptsächlich der weiße mit den Sorten Sauvignon blanc, Weißburgunder oder Klevner, um einige zu nennen, die im Vordergrund stehen.
Aber die Weststeirer haben vor allem den Schilcher hoffähig gemacht. Und damit eine eigene Weinstraße mit Orten ganz eigenen Charmes, der nebstbei mit einer besonderen Architektur zusammenhängt: mit Bauernhäusern aus vierkantig gezimmerten, dunkel gebeizten Stämmen, mit den besonderen Baumpressen dieser Region.
Daß es den Schilcher überhaupt gibt, liegt auch am milden Klima. Zwar ist die Juli-Temperatur mit durchschnittlich 18 Grad in der Schilcher-Gegend nicht so hoch wie in Hartberg oder drüben im Burgenland, aber der Juni und der August sind kaum weniger warm, im September geht es immer noch auf fast 15 Grad hinauf.
Da kann man wegen der Wetterkapriolen schon seine blauen Wunder erleben. Wenn der „Himmelvater greint", wenn es hagelt oder wenn im Juni noch ein Schneesturm hereinbricht. Oder wenn ein Morgenrot Regentage verheißt. Insofern ist die Wildbacher Traube ein Spiegel dieses Klimas mit einer Farbe, die zwischen rot und weiß „schillert" („schilchert"). Schließlich hat Fritz Zweigelt (der Schöpfer der gleichnamigen Rotwein-Traube) bei seinen Untersuchungen

in den 30er Jahren zwischen Ligist und Eibiswald nicht weniger als 40 Schilchertypen unterschieden. In seiner „Schilcherlegende" hat Reinhard P. Gruber verraten, daß dieser Saft nur zwischen 350 und 550 Meter Seehöhe wächst, daß er „bodenheiklig" ist, daß es keinen unechten Schilcher gibt, nur echten und echteren. Und daß es immer wieder Ost- und Südsteirer gibt, aber vor allem Burgenländer und Niederösterreicher, die dem Schilcher nach dem guten Rufe trachten.

Rund um diese Weinspezialität haben sich andere Besonderheiten aus der Landschaft heraus entwickelt und gehalten. Nicht zufällig wurde in Wies eine Pflanzenversuchsanstalt errichtet, die sich um neue Früchte und Obstsorten kümmert. Nicht zufällig fußt das Heilbad Schwanberg auf den Packungen des 1300 Meter hoch gelegenen Garanas-Moors. Nicht zufällig liegen die schönsten steirischen Weingenuß-Stätten in diesem Gebiet.

Sicher aber ist, daß in diesem Land neben dem (zwiebel-) roten Schilcher nur ein zweiter Saft wirklich geduldet wird – das tiefgrüne Kernöl.

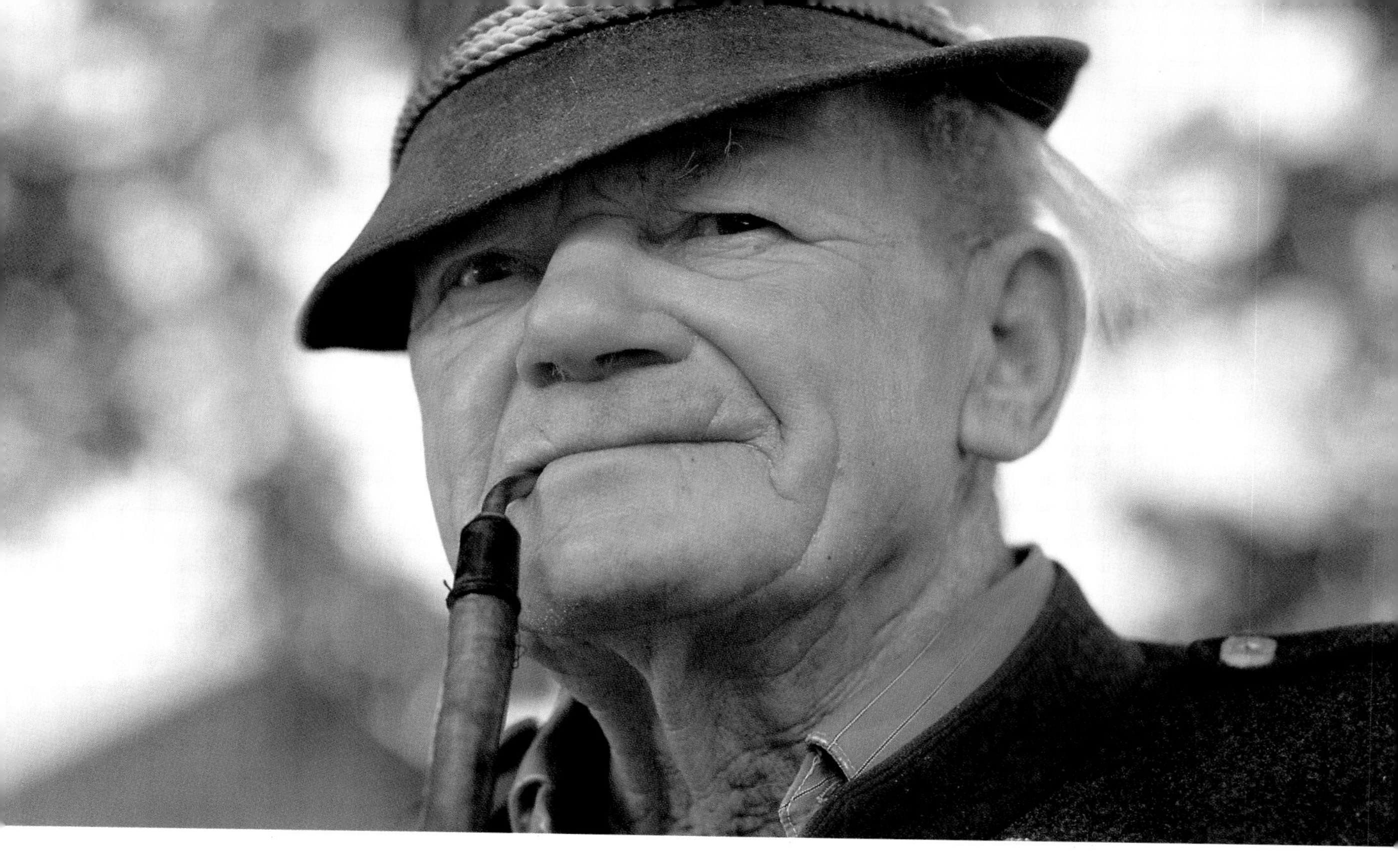

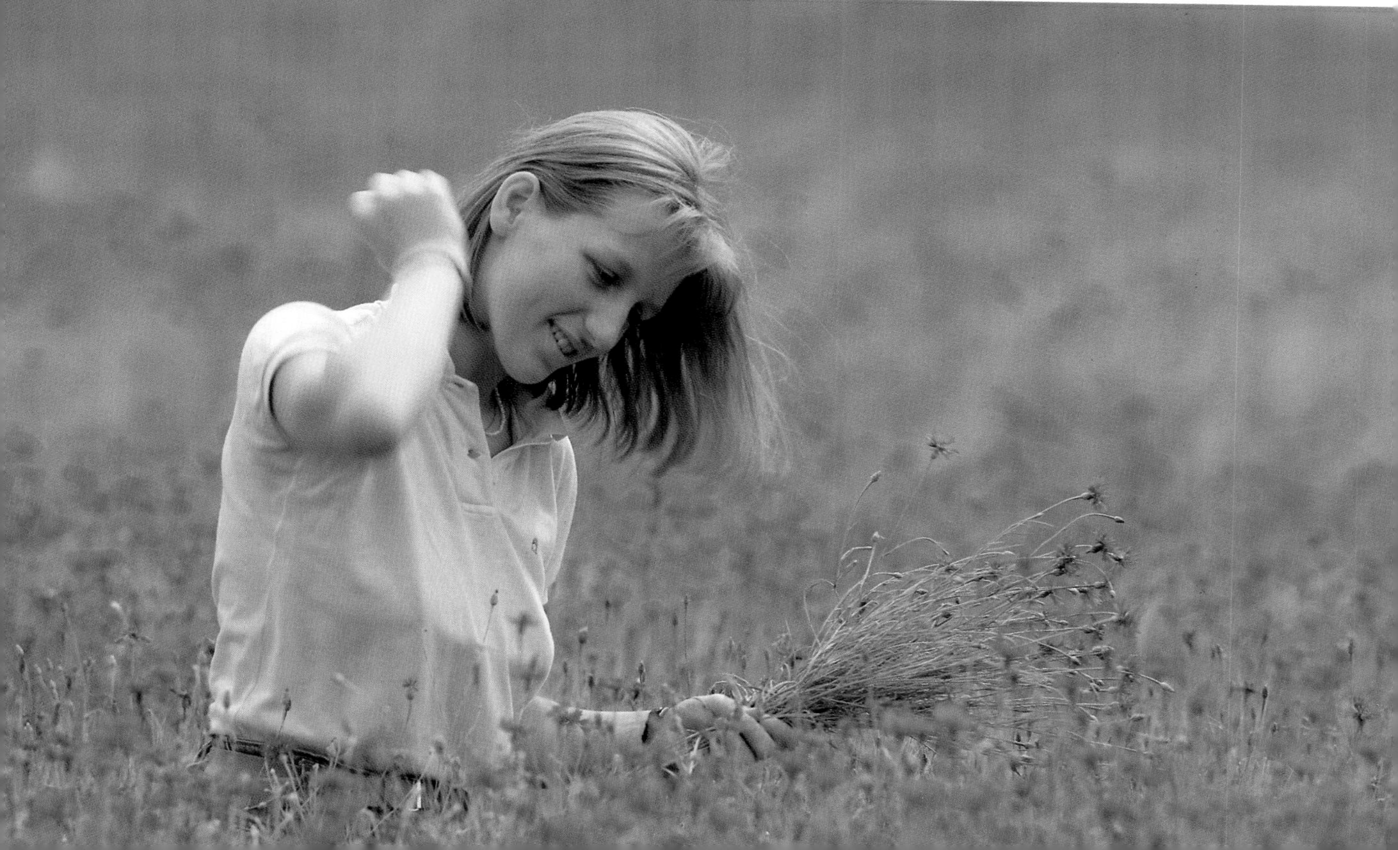

Kochen mit Schilcher und Schnaps

Man kann es sich kaum vorstellen, aber es ist noch nicht so lange her, da galt der Schilcher als ein Wein, aus dem man am besten Essig macht. Daß der Schilcher allerdings ein ganz besonderer „Essig" ist, haben sie früh gewußt, die Weststeirer. So hat man die feine Säure des Schilchers schon immer dazu verwendet, Speisen einen feinen Geschmack zu geben. Ob es ein Krenkoch (Semmelkren) oder ein Apfelkren ist, ein Schuß Schilcher muß dabei sein.

Daß man das Triet mit heißem Schilcherglühwein übergießt, gehört zu den Selbstverständlichkeiten. Auch bei den luftigen Gebilden, den Strauben, wird der Teig mit Branntwein oder Wein zubereitet.

Es sind vor allem zwei Spezialitäten, die mit Schnaps zubereitet werden: die Schnapsnudeln und die Schnapskrapferln. Letztere sind kleine Germteigkrapferln, die in Schmalz herausgebacken und vor dem Anrichten mit Schnaps oder einem (mit Schnaps und Zimt) verfeinerten Zwetschkenkompott (Krapfenwarkung) übergossen werden.

Daß eine zünftige Bretteljausn nur mit einem Schnapserl schmeckt, und daß man den Schilcher, gäbe es ihn noch nicht, erfinden müßte, wird jeder bestätigen, der einschlägige Erfahrungen hat.

SCHILCHER

Der Geist
aus der Flasche

Stainzer Kalbsstelze (klein)

Zutaten

40	dag	Kalbsstelze (pro Person)
3	dag	Butter
10	dag	Fett
		Salz
		Schilcher

Zubereitung

Die gewaschene Kalbsstelze wird im Rohr bei 220 Grad und unter ständigem Begießen mit dem eigenen Saft und dem Schilcher rund 1 1/2 Stunden gebraten.
Der Bratrückstand wird mit etwas Schilcher gelöscht, mit Rindsuppe und Butter verkocht.
Beim Tranchieren nehmen Sie die Kalbsstelze mit einem sauberen Geschirrhangerl in die linke Hand und schneiden das Fleisch vom Knochen weg ab.

Bei der Kalbsstelze muß man zwischen einer großen Stelze, die man nur im Wurzelsud verkochen kann, und einer kleineren Stelze, die gebraten wird, unterscheiden.

Stainzer Kalbsstelze *(groß)*

Zutaten

1		Kalbsstelze (groß)
15	dag	Wurzelgemüse (Sellerieknolle, Karotten, Petersilwurz)
5	dag	Zwiebeln
		Salz
1/4	l	Schilcher
10	dag	Bratfett
3	dag	Butter
		Salz

Zubereitung

Die Kalbsstelze wird in einem Wurzelsud eine Stunde lang gekocht, herausgenommen, abgetrocknet und gesalzen.
Anschließend im Rohr bei 250 Grad unter ständigem Begießen mit dem Kochsud braun braten.
Als Beilage eignen sich Reis, Erbsenreis, Gemüse und Salat.

Schnapskrapferln

Zutaten

Germteig
(Rezept siehe Seite 97)
Backfett
Dörrzwetschken
Zimtrinde
Schnaps

Zubereitung

Den Germteig ausrollen und mit einem kleinen, runden Ausstecher Krapferln ausstechen. Die Krapferln in einem bemehlten Tuch noch etwas aufgehen lassen und anschließend in heißem Fett herausbacken.
Die über Nacht eingeweichten Zwetschken mit Zimtrinde aufkochen und nach dem Auskühlen mit Schnaps vermischen. Die Krapfen vor dem Anrichten mit dieser Mischung übergießen.

Die Krapferln waren einst bei Bauernhochzeiten eine nicht wegzudenkende Nachspeise, zu der die Krapfenwarkung auf den Tisch gestellt wurde. Jeder Gast durfte einen Krapfen „einwarken".

Schnapsnudeln

Zutaten

		Germteig
		(Rezept siehe Seite 97)
1/2	l	Schnaps (!!!)
1/4	l	Wasser
	Zucker	(nach Geschmack)
		Zimtrinde

Zubereitung

Aus dem Germteig formt man dicke Nudeln, die man zwischen den Händen schleift, danach noch etwas gehen läßt und in heißem Fett goldgelb backt.
Zucker in Wasser auflösen und mit der Zimtrinde durchkochen. Den Schnaps beifügen und alles über die Nudeln gießen.

Sie sind eine gefährliche Angelegenheit, die Schnapsnudeln, nicht nur eine Faschingsspeise! Man richtet sie noch heute, wenn es darum geht, Mist auf den Feldern aufzutragen. Es ist anzunehmen, daß dabei der Schnaps- gegenüber dem Mistgeruch Sieger bleibt.

Kleine kulinarische Wortkunde

Fasching: Karneval
Schnaps: Branntwein

Branntweinstrauben

Zutaten

20	dag	Mehl (glatt)
2	dag	Zucker
2	cl	Trebernschnaps (1 Stamperl)
1	EL	Sauerrahm
1	EL	Essig
		Salz

Zubereitung

Aus den Zutaten einen Teig herstellen, zugedeckt rasten lassen.
Dünn ausrollen und Rechtecke in der Größe von 10 x 10 cm
ausradeln. Innerhalb dieser Rechtecke viermal nicht ganz
durchradeln, so daß ein Gitter entsteht. Auf einen Kochlöffel
auffädeln und in heißem Schmalz goldgelb herausbacken.

Gezuckert oder ungezuckert sind Strauben eine wunderbare
Beigabe zu Wein und Most.

Sausaler Weinsupp'n *4 Portionen*

Zutaten

3/4	l	Rindsuppe (entfettet, kräftig)
1/4	l	Weißwein (spritzig)
1	dl	Obers
2		Eidotter
1	dag	Stärkemehl (Maizena, Mondamin)
5	dag	Semmelwürfel
		Salz
		Pfeffer (weiß)
		Zimt

Zubereitung

Die Rindsuppe mit dem Wein zum Kochen bringen. Die Eidotter mit Obers und Stärkemehl versprudeln. Die Suppe vom Feuer nehmen, Ei- und Obersgemisch mit einer Schneerute einrühren. Danach soll die Suppe nicht mehr kochen. Mit Salz und Pfeffer abschmecken.
Die Semmelwürfel im Rohr bähen, mit einer Prise Zimt würzen und vor dem Anrichten die Suppe damit bestreuen.

In einem Land, in dem so herrlicher Wein gedeiht, muß es doch auch Weinsuppen geben! Hier stellen wir Ihnen zwei von vielen Varianten vor.

Schilcher Weinsupp'n
4 Portionen

Zutaten

1/2	l	Rindsuppe (entfettet, kräftig)
1/8	l	Schilcher
3	dag	Butter
3	dag	Mehl (glatt)
2		Knoblauchzehen
		(das feine Häutchen daranlassen)
1	dl	Obers
2		Eidotter
		Salz
		Pfeffer (weiß)
		Muskatnuß

Zubereitung

In einem Topf aus Butter und Mehl eine lichte Einbrenn
bereiten. Mit der Rindsuppe aufgießen, die Knoblauchzehen
beifügen und 20 Minuten köcheln lassen. Dotter, Obers und
Wein versprudeln. Die Suppe damit binden, nicht mehr kochen
lassen! Vor dem Servieren die Knoblauchzehen entfernen.
Wer es besonders fein haben will, serviert mit frischgerösteten
Weißbrotwürfeln und/oder einer Schlagobershaube.

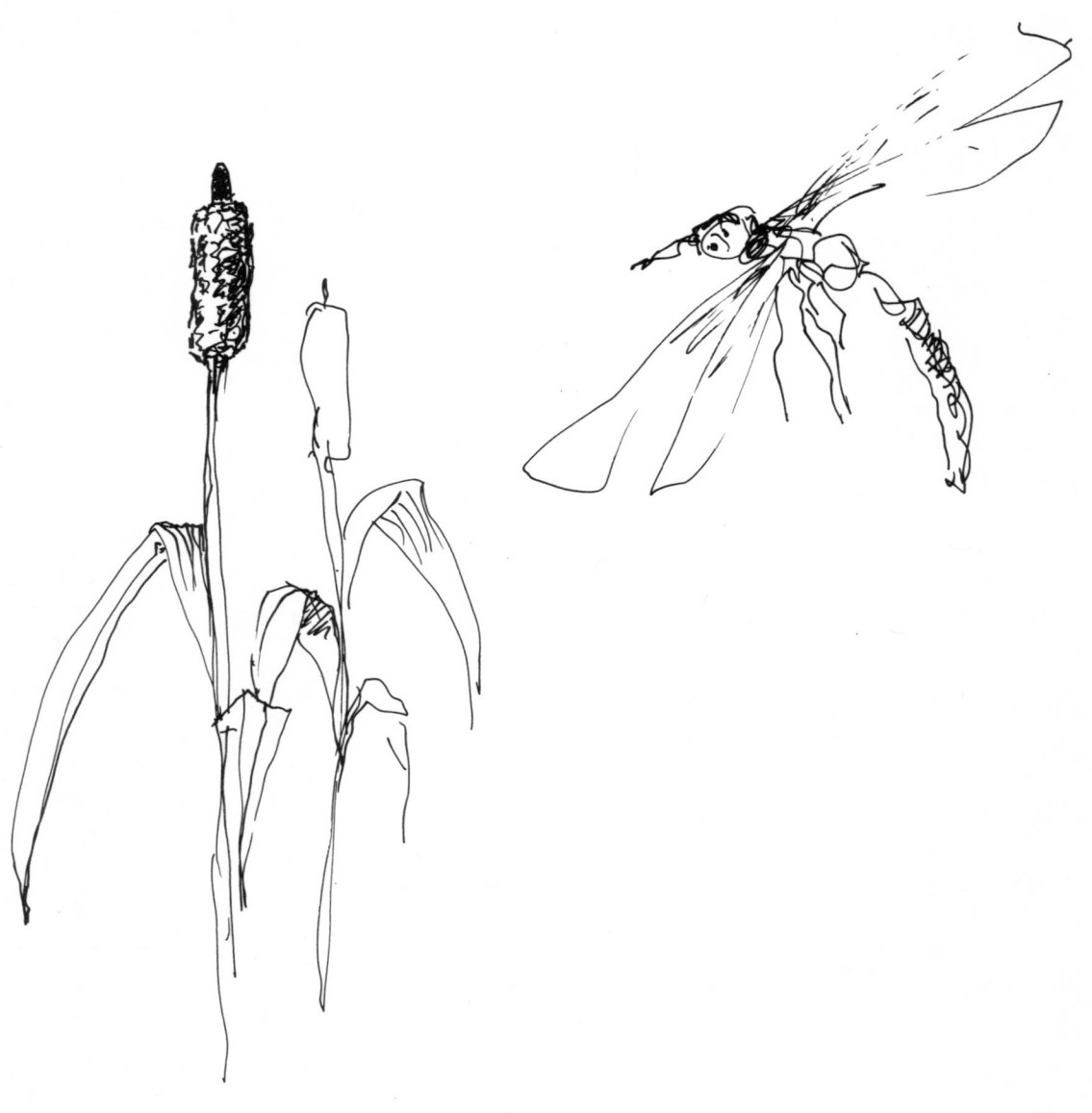

Kur, Kunst und Kultur im Schilcherland

Wer immer im Sommer als Gast in die Weststeiermark
kommt, darf nicht erwarten, daß ihm ein ausgefeiltes
Animationsprogramm geboten wird. Ganz im Gegenteil.
Sommertouristen, die es bunt und laut lieben, sollten lieber
anderswo hinfahren, denn in der Weststeiermark geht es nach
wie vor beschaulich zu. Das fängt schon mit den Unterkünften
an. Swimmingpool, Bar oder Discothek gehören eher selten
zur Ausstattung der hier ansässigen Gastronomiebetriebe.
Dafür wird dem Gast ein zweites Zuhause geboten, das er für
wenige Wochen mit den Gastgebern teilt. Gäste, die schon
seit Jahren in der Weststeiermark Urlaub machen, lieben
gerade dieses Einbezogensein. Sie fühlen sich nicht nur bei
ihrem „Wirt" aufgenommen, sondern nehmen am Leben der
gesamten Gemeinde teil.
Die Weststeiermark ist vor allem ein Land für Wanderer. Die
leicht zugänglichen Hochgebirgsregionen laden mit gut
markierten Wanderwegen zu ausgedehnten Touren ein,
wobei eine Kette von Berghütten kostengünstige
Nachtquartiere bietet.
Wer nicht gerne wandert, findet in zahlreichen öffentlichen
Bädern, Teichen und Seen Sommerspaß und Erholung. Ein
besonderes Kleinod für alle Bade- und
Wassersportbegeisterte ist der Waldschacher See in der Nähe
von Wettmannstätten.
Abends, wenn die Gäste in ihren Gasthäusern bei
vorzüglichen Speisen zusammensitzen, spitzen die Wissenden
unter ihnen ihre Ohren: jeder weststeirische Wirt ist ein
kleiner Tourismusmanager, der genau weiß, wie, wann und
wo es etwas zu sehen gibt. Die Aufgabe der Gäste besteht im
aufmerksamen Zuhören und Auswählen. Bei der Fülle des
kulturellen Angebotes findet sich für jeden etwas
Interessantes. Die einen hören von Schlössern wie Limberg,
Schwanberg und Hollenegg, die in einem halbkreisförmigen
Bogen nur wenige Kilometer von einander entfernt liegen und

in einem wunderschönen Tagesausflug leicht zu Fuß besucht
werden können. Andere ziehen es vor, auf dem Gelände des
Schlosses Frauental zu reiten oder Golf zu spielen.
Hobbyarchäologen besuchen die 1100 Jahre alte Burgruine
Hengsberg, deren Ausgrabung soeben abgeschlossen wurde.
Der Aufstieg zur Burg Deutschlandsberg über die „Klause"
reizt alle Naturfreunde, die, oben angekommen, sich auch
gleich das Vorgeschichtemuseum anschauen. In der
Bezirkshauptstadt Voitsberg lohnt es sich die Michaeli- und
St.Josefskirche mit ihrer Lorettokapelle zu besuchen. In
Stainz beherbergt das Schloßmuseum ethnologische
Wanderausstellungen, die von Kennern aus ganz Europa
begeistert aufgenommen werden. Ist man schon in Stainz,
kann man nicht am „Flascherlzug" vorbeigehen, der ehemals
die Welt der kränklichen Menschen mit dem alle heilenden
„Höllerhansel" in Rachling verband. Die Ratsuchenden
kletterten in Preding mit ihren mitgebrachten Harnfläschchen
aus dem Zug heraus, stiegen in die Schmalspurbahn nach
Stainz und legten den letzten Abschnitt ihrer durch
körperliche Mühsal beladenen Reise nach Rachling zu Fuß
zurück. Der kräuterkundige Höllerhansel, der allen rechtens
praktizierenden Ärzten der Region ein Dorn im Auge war,
soll angeblich durch genaue Beschau der mitgebrachten
Flaschen jedermanns Krankheit diagnostiziert und nach
Verabreichung der entsprechenden Kräuterkur für immer
geheilt haben. Der „Flascherlzug" fährt auch noch heute,
doch sein nunmehriger Zweck liegt in der Unterhaltung aller
Eisenbahnbegeisterten. Ähnlich Kundige wie der
Höllerhansel können auch heute noch in so manchen Orten
der Weststeiermark gefunden werden, diese arbeiten jedoch
mit weitaus weniger Publizität.
Wollen Sie lieber auf Nummer sicher gehen, empfiehlt es sich,
die weststeirischen Heilbäder zu besuchen, in denen mit
Methoden gearbeitet wird, die zwar traditionell aber auch
allgemein anerkannt sind. Das in einem ehemaligen
Kapuzinerkloster untergebrachte Heilmoorbad Schwanberg
ist ein Refugium für alle Rheumageplagten. Der vom
Garanaser Hochmoor abgebaute Torf wird in Vollbädern, in
Packungen und als verdünntes Moorbad verabreicht. Im

etwas nördlicher gelegenen Bad Gams, dem „Gesundbrunnen" dieser Region, werden aus vier Heilquellen Infektions- und Atemwegserkrankungen sowie Rekonvaleszente behandelt. Bäder und Trinkkuren sind in Bad Sauerbrunn bei Stainz schon seit der Römerzeit bekannt und sollen nun mit Hilfe einer neuen Badeanstalt vielen Menschen zugänglich gemacht werden.

Besucht man gerne Abendveranstaltungen, lohnt es sich, Konzerte im Schloß Gleinstätten anzuhören, deren Qualität von Jahr zu Jahr zunimmt. In Wies, auf Schloß Burgstall, kann man an schönen Sommerabenden vor einer traumhaften Kulisse gut inszeniertes Laientheater sehen. Der „Burgstaller Bauernkalender" ist eine nicht mehr zu übersehende kulturelle Institution. Das St. Josefer Bauerntheater, ebenfalls eine Freilichtbühne, existiert schon seit den 20er Jahren und wird heute hauptsächlich von einer theaterbegeisterten Familie geleitet. Der „Kulturkreis Deutschlandsberg", eine der engagiertesten Kulturinitiativen der Weststeiermark, hat durch seine Jazz- und Klavierkonzertveranstaltungen bereits internationales Renommee erlangt.

Wer Haus- und Volksmusik liebt, ist in Köflach und Ligist gut aufgehoben. Viele kleine Volksmusikgruppen zeigen ihr Können bei zahlreichen örtlichen Veranstaltungen und beweisen damit die große Gesangskultur dieser Region.

Wie interessiert die Weststeirer an ihrer Vergangenheit sind, zeigt eine große Zahl von kleinen und winzigen privaten Museen, deren Besitzer in minutiöser Kleinarbeit Stück für Stück Exponate zusammengetragen, beschriftet und ausgestellt haben, um vergangene bäuerliche Kultur nicht der Vergessenheit anheimfallen zu lassen. In Eibiswald findet man neben dem Klöpfermuseum seit kurzem ein privates Museum zum Thema „Essen und Trinken in der Vergangenheit". In St. Peter im Sulmtal und in Glashütten präsentieren stolze Besitzer volkskundliche Fundstücke. Der ganze Ort Rassach mit seinen gut erhaltenen Weststeirischen Bauernhäusern, die größtenteils noch bewohnt werden, ist ein einziges Freilichtmuseum. In Köflach befindet sich ein Heimat- und in Pölfing Brunn ein Bergbaumuseum. Im Zuge der Steirischen Landesausstellung 1988 wurde in Bärnbach ein Kohlenbergbau- und Glasmuseum eingerichtet, nicht unweit davon befindet sich die von Friedensreich Hundertwasser gestaltete Pfarrkirche.

All jene, die im Fernsehen oder gar in der Wiener Hofreitschule selbst die elegant-tänzelnden Schritte der berühmtesten Pferde der Welt gesehen haben, werden es sich nicht nehmen lassen, das Lipizzanergestüt in Piber zu besuchen. Hat man Glück, kann der eine oder andere Prachthengst beim Training beobachtet werden. Das weiträumige Gelände des Gestüts bietet sich auch für einen Rundgang um die Koppeln an, in denen die noch schwarzfelligen Fohlen weiden.

Wem Besichtigungen in der Sommerhitze zu mühsam sind, setzt sich zu einer guten „Bretteljause" mit Schilcher in eine der vielen Buschenschänken an der „Schilcher-Weinstraße". Niemand, der die freundlich-ungezwungene Atmosphäre dieser gastronomischen Besonderheit jemals genossen hat, verzichtet auf einen weiteren Besuch. Auf Holzbänken unter Weinreben sitzend, vom Hausherrn selbstgemachte Köstlichkeiten verzehrend, hebt die Stimmung in Höhen, die dem Himmlischen nicht mehr fern sind. Wohlbehagen breitet sich aus, das vielleicht den einen oder anderen dazu verleitet, die Weststeiermark zur zweiten Heimat zu küren.

Schmalzgebackenes und Süßes

Wer sich viel mit alten Kochbüchern befaßt, wird entdecken, daß die Rezepte der Mehl- und Süßspeisen unverhältnismäßig ausführlich beschrieben sind.

Die Fleischspeisen hingegen und die Alltagskost, die beherrschte man eben, die hatte man im Griff, da brauchte man nicht nachzulesen. Die Zubereitung kannte man, und die Mengen ergaben sich von selbst. Anders bei den Mehlspeisen: hier mußten für das Gelingen die Mengen genau stimmen.

Neben dem Schmalzgebackenen sind es vor allem zwei Speisen, die in der Weststeiermark große Bedeutung haben: die Potizze (auch Putizze) und die Poganzen.

Die Potizze ist ein feinerer Germteig, der, mit Nuß oder Mohn gefüllt und eingerollt, im Rohr gebacken wird. Der sogenannte „Widder" ist eine besondere Art der Potizze.

Die Poganzen können aus den verschiedensten Teigen hergestellt werden. Sie kommen nach dem Brotbacken in den noch heißen Backofen. Aus Germteig gemacht, heißen sie „Flecken".

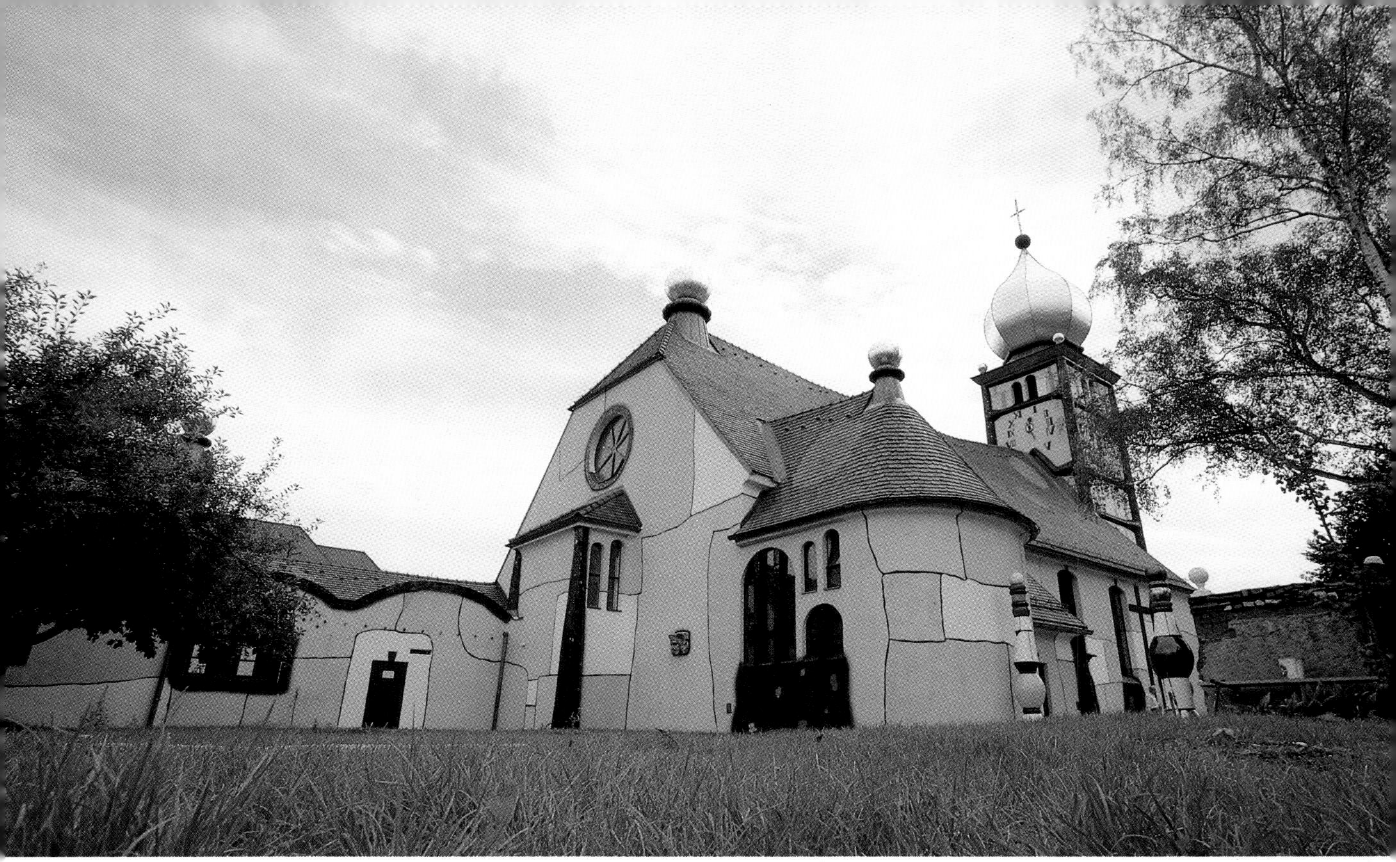

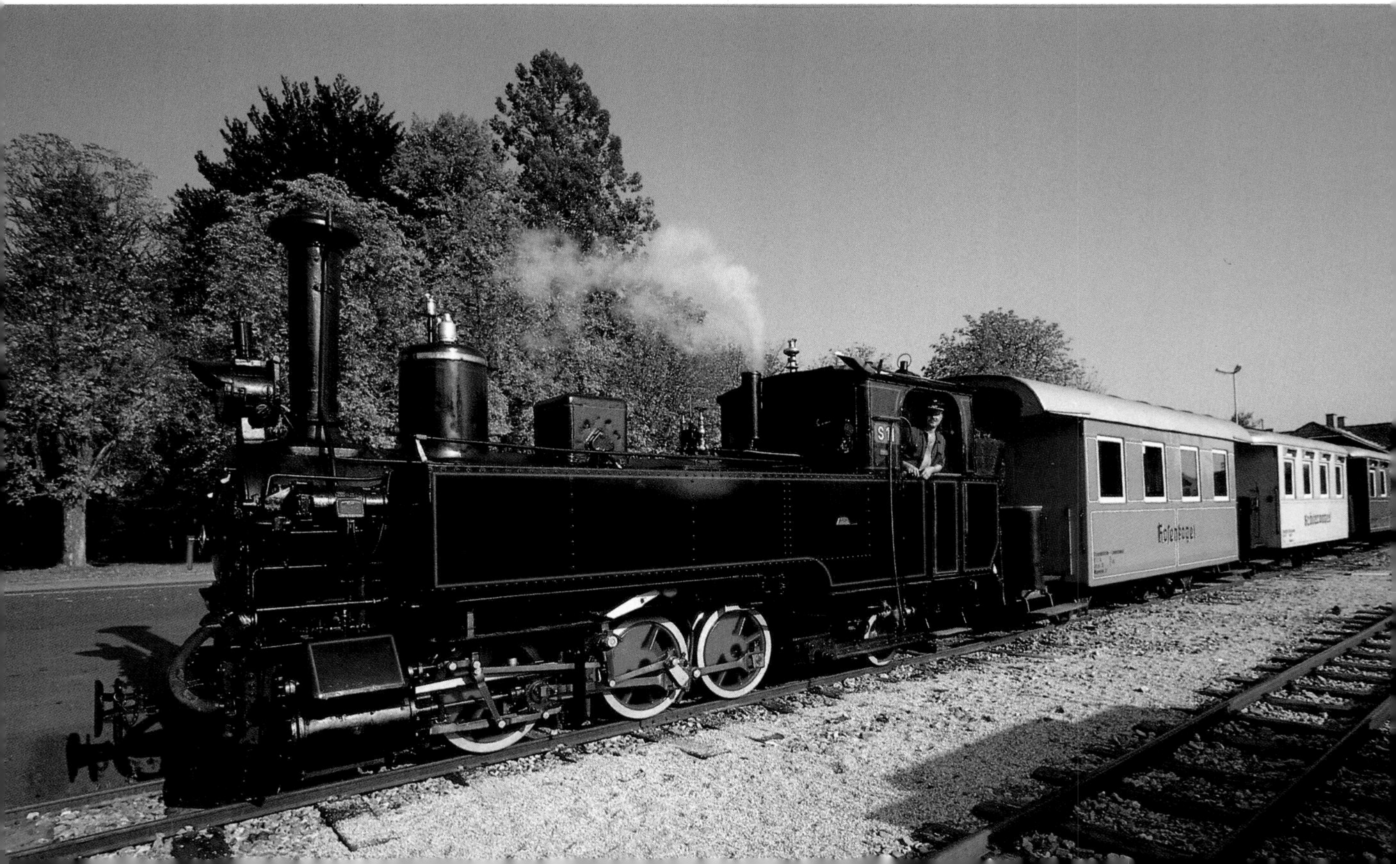

Germteig

Zutaten

50	dag	Mehl (glatt)
3	dag	Germ
1/4	l	Milch
		Salz
2		Eier
10	dag	Zucker
10	dag	Butter
1	TL	Vanillezucker
		Zitronenschale
2	cl	Schnaps (1 Stamperl)

Zubereitung

In das gut gewärmte Mehl eine Grube machen, zerbröselte Germ hineingeben, mit etwas Milch und einer Prise Salz ein Dampfl machen. Mehl darüberstreuen und zugedeckt warmstellen.

In der Zwischenzeit die zimmerwarme Butter mit Zucker und Vanillezucker schaumig rühren und die Eier einzeln darunterarbeiten.

Sobald sich im Mehl, das über das Dampfl gestreut ist, Risse bilden, alle Zutaten zusammenmischen. Etwas von der Milch lassen wir beiseite, denn die Flüssigkeitsmenge läßt sich bei einem Germteig nur schwer bestimmen.

Der Teig wird nun mit einem Kochlöffel fest abgeschlagen, bis er Blasen wirft. Zugedeckt an einem warmen Ort rasten lassen, bis er um ein Drittel mehr aufgegangen ist. Nach Verwendung ausformen, und bevor man ihn ins Rohr gibt, noch einmal gehenlassen.

Beim Backen eine Schale mit Wasser ins Rohr stellen! Die Backtemperatur beträgt 180 Grad.

Kleine kulinarische Wortkunde

D a m p f l : Vorteig
G e r m : Hefe

Germteigflecken

Zutaten

		Germteig (siehe Seite 97)
50	dag	Topfen (grob)
10	dag	Zucker
10	dag	Rosinen (Weinbeerl)
2		Eier (ganz)
		Zitronensaft
1	EL	Rum

Zubereitung

Den Germteig ausrollen und auf ein Backblech legen. Die Ränder etwas hochziehen und zugedeckt an einem warmen Ort gehenlassen.
Für die Fülle alle Zutaten gut verrühren und auf den Teig streichen.
Im Backrohr bei 180 Grad backen.

Die Flecken zählen zu jenen Speisen, die man früher vor oder nach dem Brotbacken zubereitete, wenn der Ofen noch nicht oder gerade noch die richtige Temperatur hatte.

Kleine kulinarische Wortkunde

Topfen: Quark

Weinbeerl: getrocknete Weintrauben

Kastanientorte

1 Torte: Durchmesser 26 cm

Zutaten

10	dag	Staubzucker
1	Packerl	Vanillezucker
2		Eidotter
10	dag	Edelkastanien (geschält, gekocht, passiert)
1	TL	Rum
		Salz
3	dag	Mandeln (geschält und gerieben)
2		Eiweiß
		Staubzucker (zum Bestreuen)
		Ribisel oder
		Preiselbeermarmelade (zum Füllen)

Zubereitung

Die Hälfte des Zuckers mit Vanillezucker vermischen und die Eidotter schaumig rühren. Die passierten Kastanien gut daruntermischen, mit einer Prise Salz und einem TL Rum würzen.

Eiklar mit dem restlichen Zucker gut ausschlagen, die geriebenen Mandeln einarbeiten. Beide Massen miteinander vermischen.

Den Boden einer Tortenform befetten und bemehlen oder mit Backtrennpapier ausschlagen. Die Masse einfüllen, glattstreichen und im Backrohr bei 160 Grad ca. eine Stunde backen.

Nach dem Auskühlen durchschneiden und mit passierter Marmelade füllen. Mit Staubzucker bestreuen und nach Belieben mit Schlagobers servieren.

Trudelnudeln

Zutaten

Strudelteig
Rosinen
Schmalz

Zubereitung

Der Teig wird dünn ausgerollt, mit Fett beträufelt und mit Rosinen bestreut. Danach eingerollt, an den Enden fest zusammengedrückt und in Salzwasser weichgekocht.
Nach dem Auskühlen werden die Nudeln aufgeschnitten und in Fett geröstet.
Kenner trinken dazu einen guten Kaffee.

Die Trudelnudeln sind ein typisches „Nebenprodukt" der Strudelerzeugung. Da immer von den Rändern etwas Teig übrig bleibt, knetet man diesen fest zusammen, gibt eventuell noch Mehl hinzu, rollt ihn dünn aus und verwendet ihn weiter.
Auf die gleiche Art werden die sogenannten Brandnudeln hergestellt, wobei der Teig im Rohr braun gebacken wird. Die so erzeugten Nudeln werden gebrochen und bleiben lange haltbar. Bei Bedarf werden sie wie alle Nudeln verwendet, schmecken aber auch besonders gut als Knabbergebäck!

Widder

Zutaten

		Germteig
		(Rezept siehe Seite 97)
2	EL	*Honig*
15	dag	*Nüsse (Walnüsse, Haselnüsse,*
		Kürbiskerne, gerieben)
		Zimt
		feine Brösel und Milch nach Bedarf

Zubereitung

Den Germteig fingerdick ausrollen und zugedeckt noch etwas gehenlassen.
Milch und Honig heiß werden lassen, die Nüsse einrühren, mit Zimt würzen und mit Bröseln festigen.
Den Germteig damit bestreichen, fest einrollen, in eine befettete Kasserolle geben und noch einmal aufgehenlassen. Mit einer Stricknadel fest einstechen.
Erst bevor man den Widder ins Rohr gibt, mit Ei bestreichen.
Bei 180 Grad backen.

Die Herkunft des Namens Widder ist in geheimnisvolles Dunkel gehüllt. Die Bezeichnung taucht im Jahre 1808 in der topographischen Kunde der Hauptstadt Grätz zum ersten Mal auf und wird als eine aus feinstem Weizenmehl bereitete Bäckerei bezeichnet. Heute verstehen wir darunter eine Germteigrolle, die in eine Kasserolle schneckenförmig eingelegt wird. Der Widder kann auf verschiedenste Art gefüllt werden: mit Nuß-, Mohn-, Zwetschkenfülle und dergleichen.

Predinger Kürbispalatschinken *10 Stück*

Zutaten

15	dag	Mehl (glatt)
1/4	l	Milch
3		Eier (ganz)
2	dag	Fett
		Zitronenschale
		Muskatnuß (gerieben)
		Salz
		Backfett
15	dag	Kürbiskerne (karamelisiert), siehe Seite 105
1	EL	Honig
5	dag	Rosinen
1/8	l	Milch

Zubereitung

Das Mehl mit den Eiern und der Milch zu einem dickflüssigen Teig verrühren, das Fett zerlassen und beifügen. Mit Salz, Muskatnuß und Zitronenschale würzen. Mit restlicher Milch zur richtigen Konsistenz bringen.
In einer Omelettenpfanne dünne Palatschinken backen.
Für die Kürbisfülle karamelisierte und geriebene Kürbiskerne, Honig und Rosinen miteinander vermischen und mit Milch zu einer streichfähigen Masse verdünnen.
Die Palatschinken damit füllen.

Kleine kulinarische Wortkunde

Palatschinken: dünne Pfannkuchen

Kürbiskernpotizze

Zutaten

		Germteig
		(Rezept siehe Seite 97)
15	dag	Kürbiskerne (gemahlen)
2	EL	Honig
		Milch (nach Bedarf)
		Ei (zum Bestreichen)

Zubereitung

*Den Germteig fingerdick ausrollen, zugedeckt gehenlassen.
Die Kürbiskerne mit dem Honig vermischen und mit Milch zu
einer streichfähigen Masse verrühren.
Die Masse auf dem Germteig gleichmäßig verstreichen und
einrollen. Dabei darauf achten, den Teig immer wieder fest
anzuziehen (der Germteig hält das schon aus!), damit eine feste
Rolle ohne Löcher entsteht. Mit einer Stricknadel
durchstechen, noch einmal gehenlassen, mit verschlagenem Ei
bestreichen und bei 180 Grad im Rohr backen.*

Dies ist wohl das echteste aller Kürbispotizzenrezepte.
Allerdings sollten Sie eine Kürbismühle in Ihrer Nähe haben,
damit Sie diese herrlich grüne Paste aus gemahlenen
Kürbiskernen verwenden können! Sie können sich aber auch
mit einer Mohnmühle behelfen, allerdings ist das Resultat
nicht ganz dasselbe.

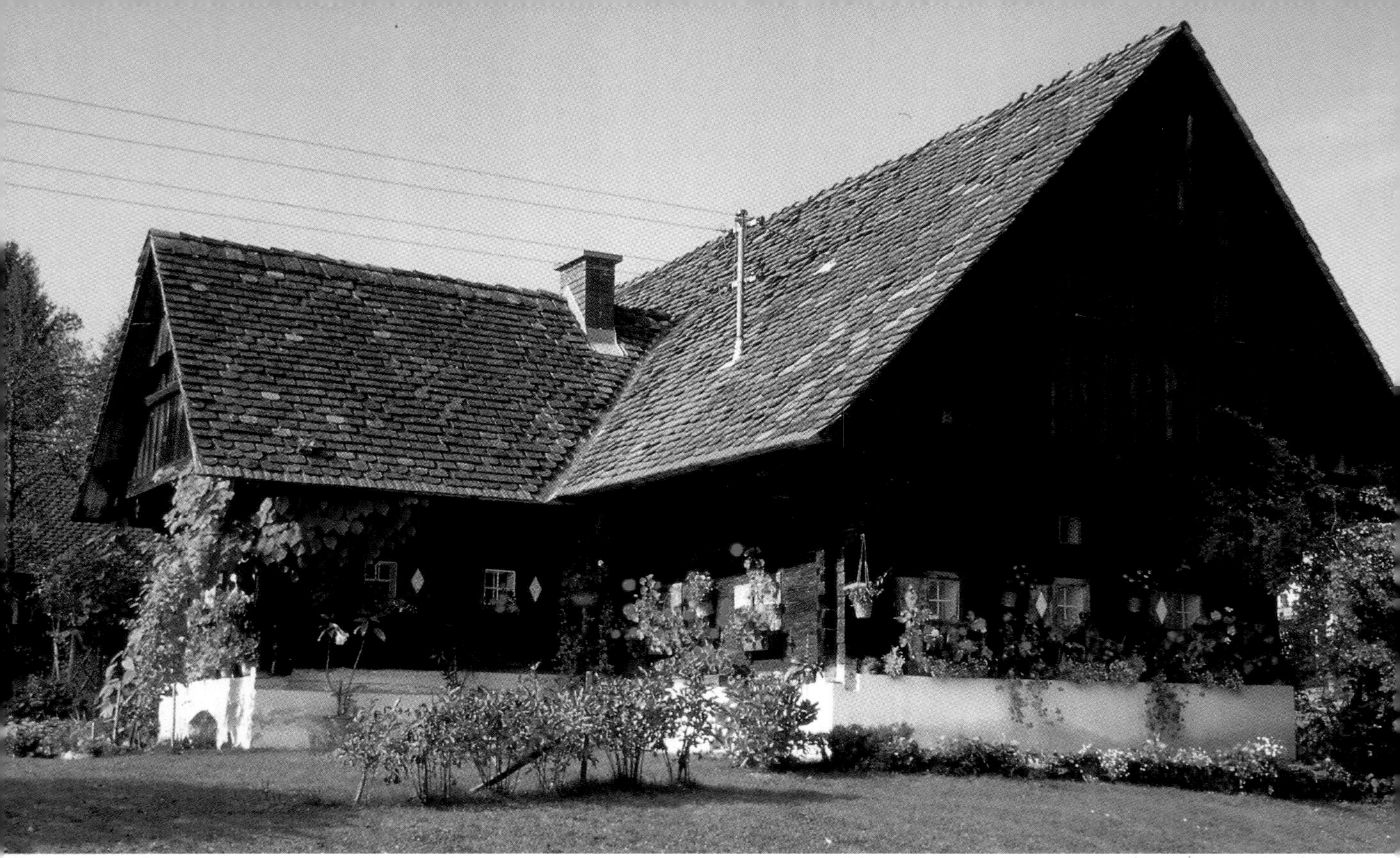

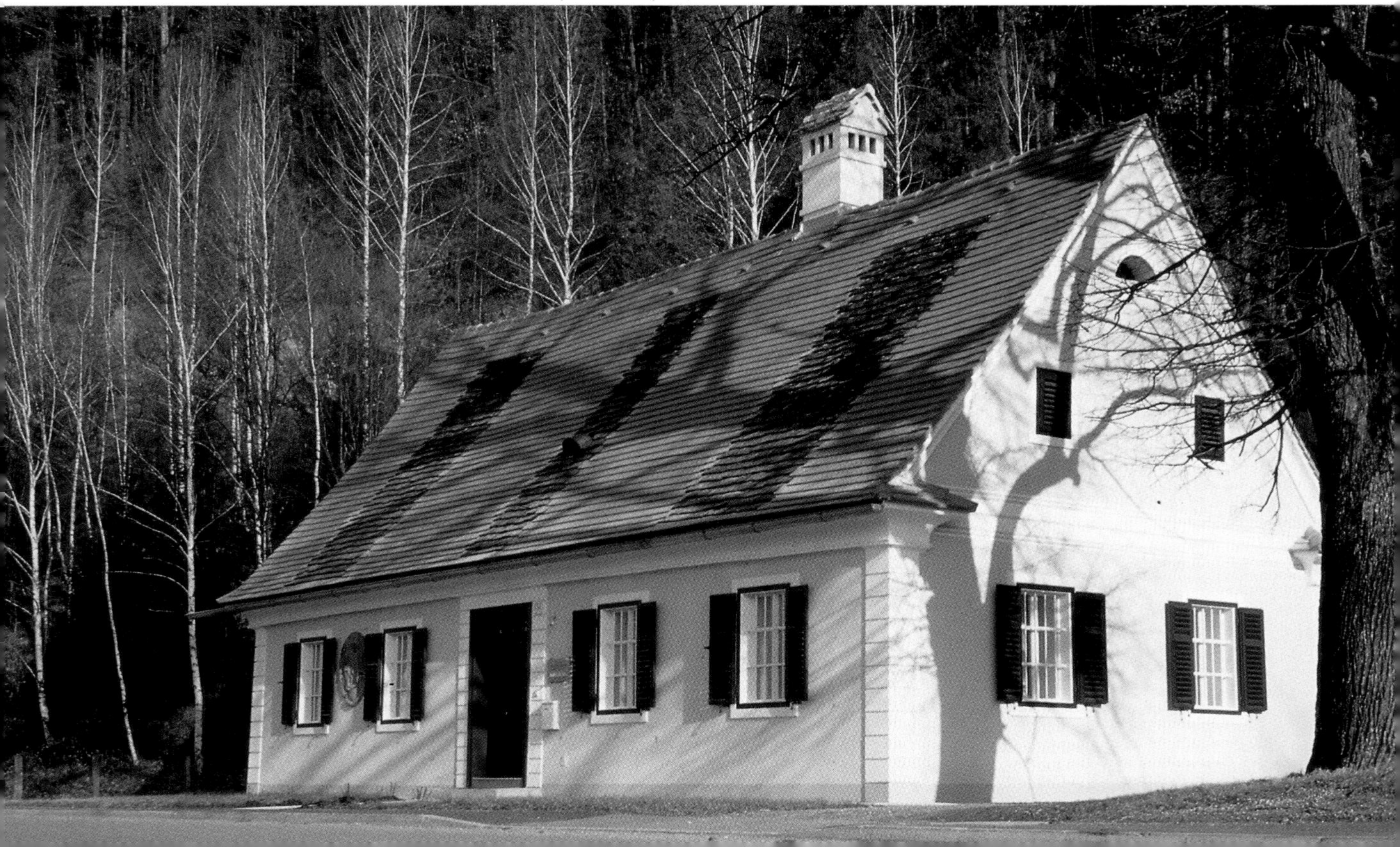

Karamelisierte Kürbiskerne

(Kürbiskernkrokant)

Zutaten

40	dag	Kürbiskerne
15	dag	Kristallzucker
1	EL	Speiseöl

Zubereitung

Den Zucker in einer Kupferpfanne oder einer Kasserolle aus rostfreiem Stahl unter ständigem Rühren braun karamelisieren. Die in Öl gerösteten Kürbiskerne mit dem Karamel vermischen und sofort auf ein geöltes Backblech geben und auseinanderstreichen.

Karamelisierte Kürbiskerne sind eine raffinierte Nascherei!

Schlagoberskrokantfülle
(reicht für eine Torte)

Zutaten

1	l	*Schlagobers (Schlagsahne)*
15	dag	*Kürbiskerne (karamelisiert)*
5	Blatt	*Gelatine*

Zubereitung

Die Gelatineblätter einweichen.
Das Krokant auf einer Nußmühle reiben, mit dem steifgeschlagenen Obers vermischen und die im heißen Wasserbad aufgelöste Gelatine darunterziehen.
Dieses Rezept eignet sich zum Füllen von Nuß- und Biskuittorten.

„Sterzschriften" und Kunstbauten

Erst um die Mitte des 19. Jahrhunderts stieß der Mais zur Spitze der meistangebauten Früchte vor. Von da an war sein Siegeszug so total, daß heute die von ihm bevölkerten Böden das Grundwasser vergiften. Die Fruchtbarkeit des Grazer und des Leibnitzer Feldes ist ein Segen, die Ausbeutung droht zum Fluch zu werden.

Im Sulmtal ist der „Woaz" früh zur Grundlage der täglichen Nahrung geworden, mit einem Weinüberguß sogar zu einem explosiven Gemisch. In dieser Gegend haben vor bald 20 Jahren junge Leute um Kurt Franz, Wolfgang Pollanz, später Gerald Brettschuh und Gernot Lauffer den „Sterz" zu einem literarischen Ereignis gemacht. Die Zeitschrift dieses Namens hat die neuen Klänge der Heimat mit-komponiert, eine neue Sprache des Regionalen formuliert.

Wenn in den Hügeln der Gegend zwischen Heimschuh und Schwanberg die Nebel nisten, schaut die Landschaft aus wie der „Stille Ozean" Gerhard Roths. Daß die Lieblichkeit harte Schicksale verdeckt und die Gemeinheit der Menschen verhüllt, ist zum provozierenden Anlaß wichtiger Werke der neueren Literatur geworden. Und deshalb auch zu einem Magnet für Leute, die nicht zum Jet-Set aber zum Denk-Reservoir der mitteleuropäischen Kulturwelt gehören.

Bilder und Schriften hinterlassen selten sichtbare Spuren. Gebautes steht da, unverrückbar. Als Wolfgang Kapfhammer in den 60er Jahren die Landwirtschaftsschule in Kothvogel bei Stainz baute, erhob sich Protest gegen das Ungewohnte, so als hätten früher neue Schlösser nicht auch einen Bruch mit dem Üblichen bedeutet. Und wer wußte schon, daß die in den 50er Jahren in Deutschlandsberg gebaute Villa Leitinger von Max Lukas eine Pionierleistung war.

Heute ist die Weststeiermark auch ein Feld für architektonisch Neues. Ein schönes Experimentierfeld. Einheimische wie Eilfried Huth haben früh Unverwechselbares hingesetzt – wie die Stern- und die

Eschensiedlung. Was in Deutschlandsberg über die Koralmhalle der Werkgruppe heraufführt bis zu den international bedeutenden Wohnbauten auf den Sologründen.

Gästen kann man allein in dieser Region ein faszinierendes Spektrum moderner Baustile zeigen. Man kann Häuser von Würzler, Enzenhofer und Muster präsentieren, den Schloßumbau des Teams A in Gleinstätten; und auf engstem Raum zwei Gegensätze: Friedensreich Hundertwassers Bärnbacher Kirche und Klaus Kadas Glaspalast.

Vom Steirischen Prinzen, dem Adel und den Schlössern

Die Bedeutung der Klöster und Schlösser für die
Essensgewohnheiten ganzer Regionen läßt sich überall in
Europa nachweisen. In der Weststeiermark war dieser
Einfluß besonders stark. Dafür legt die Küche des Schlosses
Stainz Zeugnis ab. Herta Neunteufl hat in ihrem „Erzherzog
Johann Kochbuch" aufgezeigt, wie viele, heute noch
vollgültige Rezepte im Hause des „Steirischen Prinzen"
zubereitet wurden. Ein glücklicher Zufall hat uns in den
Besitz des Schloßkochbuchs von Gleinstätten gebracht.
Einige Rezepte daraus finden Sie nachstehend.
Daß die Küche an den Grenzen nicht Halt macht, und wie
sich die Grenzen im Laufe der Jahrhunderte des öfteren
geändert haben, auch das kann man an der weststeirischen
Küche ablesen. Brauchen die Politiker auch noch lange Zeit,
um den Alpe-Adria-Raum zu verwirklichen, bei den
Hausfrauen und Köchen ist dies schon vor vielen, vielen
Jahren geschehen.

Spinattorte

Zutaten

30	dag	Mehl (glatt)
6	dag	Butter
1	EL	Öl
		Salz
1	kg	Spinat (blanchiert, grob gehackt)
15	dag	Speck (fein gehackt)
7	dag	Parmesan (gerieben)
1		Knoblauchzehe (fein gehackt)
3	dag	Petersil (fein gehackt)
1		Ei
		Öl
		Salz

Zubereitung

Aus Mehl, Butter, Öl, Salz und etwas Wasser einen
geschmeidigen Teig kneten. Im Kühlschrank ca. eine halbe
Stunde rasten lassen.

Den Spinat in reichlich kochendes Salzwasser geben, einmal
kurz aufkochen und in einem Sieb danach abtropfen lassen.

Den Speck (1 EL beiseite stellen) in einer schweren Kasserolle
mit etwas Öl anlaufen lassen, die Knoblauchzehe und das
gehackte Petersilgrün beifügen, mit dem Spinat vermischen.
Gut überkühlen lassen und Eier und Parmesan
daruntermischen.

Eine Springform mit dem Teig auslegen, einen Rand
hochziehen, die Masse einfüllen. Den restlichen Teig mit einem
Rädchen in 1 cm breite Streifen schneiden und die Oberfläche
der Masse kreuzweise damit belegen (ähnlich einer
Linzertorte).

Den beiseitegestellten Speck darauf verteilen. Im Rohr bei 200
Grad auf der mittleren Schiene eine Stunde backen.

Die Torte kann warm und kalt gegessen werden.

Für den Teig können Sie auch einen gekauften Blätterteig
verwenden.

Schwanberger Salat *4 Portionen*

Zutaten

20	dag	Hühnerbrust (gebraten oder gekocht, nudelig geschnitten)
4		Eier (hartgekocht)
20	dag	Selchfleisch (mager, nudelig geschnitten)
20	dag	Gewürzgurkerln (nudelig geschnitten)
		Olivenöl
		Weinessig
		Estragon (fein geschnitten)
		Petersilie (gehackt)
		Schnittlauch
		Senf
		Salz
		Pfeffer
		etwas heiße Rindsuppe
		Salatblätter

Zubereitung

Für die Zubereitung der Marinade das Eiweiß fein hacken, Eidotter passieren, mit Essig, Öl und den Gewürzen zu einer glatten Sauce verrühren. Mit etwas heißer Rindsuppe verdünnen. Gehacktes Eiweiß beifügen.
Zum Anrichten die Salatblätter auf eine Platte legen. Das Hühnerfleisch mit der Hälfte der Gurkerln mit Marinade abmachen, ebenso das Selchfleisch. Abwechselnd, durch Salatblätter getrennt, anrichten.

Welscher Salat

Zutaten

1	Teil	Sellerieknolle (gekocht, feinwürfelig)
1	Teil	Karotten (gekocht, feinwürfelig)
1	Teil	Shrimps
		(auch Krebsschwanzerl oder Krabben)
2	Teile	Hühnerfleisch
		(gebraten, nudelig geschnitten)
		Olivenöl
		Kapern (gehackt)
		Petersilie (gehackt)
		Salz
		Pfeffer
		Weinessig
		heiße Rindsuppe
		Sardellenfilets
		Eischeiben
		Vogerlsalat

Zubereitung

Zuerst die Marinade aus Olivenöl, Kapern, Petersilie, Weinessig, Salz, Pfeffer und etwas heißer Rindsuppe herstellen. Sellerie, Karotten, Shrimps und Hühnerfleisch vermischen, mit der Marinade übergießen, noch einmal vermischen und durchziehen lassen.
Auf einem Glasteller anrichten, mit Sardellenfilets und Eischeiben belegen und mit Vogerlsalat garnieren.

Ein Salat, der seinen Namen zurecht führt! Die aus dem Mittelmeerraum früher eingeführten Shrimps und Sardellen weisen auf die „internationalen Beziehungen" der Weststeiermark zu allen Zeiten ihrer Geschichte hin!

Kräutersupp'n der Josefa Gosch

4 Portionen

Zutaten

1	l	Wasser
4	dag	Butter
2	dag	Rundkornreis (gewaschen)
4	dag	Mehl (glatt)

und weiter (aus dem Originaltext):
Petersiel = Petersilgrün
Celergrün = Selleriegrün
Fettehehn = fette Henne
(heute sehr selten verwendet)
Spinade = Spinat oder Mangold
Kunkelkraut = das Kraut der
weißen Rüben,
das im Keller auswächst (unter der
Bezeichnung Rübenkraut auch heute noch
auf Grazer Märkten erhältlich)
Brennessl = Brennessel
Röhrlsalat = Salat aus
den jungen Blättern des Löwenzahns
Salz
Pfeffer (weiß)
Muskatnuß

Zubereitung

Die Kräuter waschen und nicht zu fein hacken.
Aus der Butter und dem Mehl eine lichte Einbrenn herstellen.
Die Kräuter kurz darin aufschäumen lassen und mit Wasser
und Rindsuppe aufgießen. Den Reis beifügen und so lange
kochen, bis er weich ist.
Mit Salz, weißem Pfeffer und Muskatnuß abschmecken.

Diese Suppe, die aus der Naturküche stammen könnte, haben
wir aus dem Kochbuch der Josefa Gosch vom Schloß
Gleinstetten. Interessant daran ist, daß die Kräuter – wie in
der Wiener Küche – in die Einbrenn gegeben werden. Das ist
zwar für den Vitamingehalt nicht sehr förderlich, hat aber den
Vorteil, daß die Farbe erhalten bleibt.

Semmelpastete *4-6 Portionen*

Zutaten

6	Stk.	Semmeln (altbacken)
6	dag	Butter
2		Eier
1/4	l	Milch
5	dag	Hartkäse
		(Parmesan, Emmentaler, gerieben)
1	EL	Petersilie (gehackt)
		Salz
		Butter zum Ausschmieren der Form

Zubereitung

Eine Wandelform wird mit Butter ausgeschmiert.
Die Semmeln werden in Scheiben geschnitten. Eine Schicht
Semmelscheiben wird eingelegt, Petersilie, Butterflocken und
Käse darübergegeben. Danach wieder eine Schicht
Semmelscheiben, bis alles aufgebraucht ist.
Die Eier mit der Milch versprudeln, salzen und das Gemisch
darübergießen.
Im Backrohr bei guter Hitze ca. eine halbe Stunde backen.

Dieses Gericht kann sowohl als Beilage gereicht als auch als
Hauptspeise mit Salat serviert werden.
Auf den steirischen Schlössern ging es gar nicht so
verschwenderisch zu, wie man glauben möchte. Dieses
Gericht ist der Beweis dafür.

Kleine kulinarische Wortkunde

W a n d l : Kastenform (Königskuchenform)
S e m m e l : Brötchen

Eisbombe

Zutaten

3		Eier
10	dag	Kristallzucker
1/2	l	Obers (geschlagen)
1/8	l	Erdbeeren
		(frisch passiert, oder Erdbeermark)
1		Vanilleschote
		(ausgekratzt, oder Vanillearoma)

Zubereitung

Eier, Zucker und Vanille über Dunst fingerwarm aufschlagen.
Vom Feuer nehmen und kalt schlagen.
Obers fest ausschlagen und die Eimasse darunterheben. Die
Masse halbieren und eine Hälfte mit dem Erdbeermark
verrühren.
Eine Eisbombenform kalt ausspülen, zuerst eine Schicht
Vanillecreme, darauf eine Schicht Erdbeercreme einfüllen und
so lange fortfahren, bis die Form gefüllt ist.
Im Tiefkühlfach mindestens sechs Stunden frieren und danach
stürzen.
Mit Erdbeermark übergießen und mit frischen Erdbeeren und
Schlagobers servieren.

Der Schilcher – und die Weinstraßen

Mein Gott, was kann man noch über den Schilcher sagen, das noch nicht gesagt worden ist? Über diesen reschen, fröhlichen und erdigen Wein sind schon so viele Sätze geschrieben (und gesammelt) worden, daß dicke Wälzer gefüllt werden könnten. Spritzig und lebendig ist er, wie ein junger Lipizzaner.

Warum gibt es eigentlich noch kein Schilcher-Museum? Keine Schilcher-Bibliothek? Wo sind sie, die Schilcher-Forscher, die Schilcher-Philosophen? Jene skurrilen Eigenbrötler rufen wir auf! Die, die man immer wieder in den Buschenschänken sieht, wie sie mit glasigen Augen ihre feuchten Gedanken über die Hügel hinaus in die Welt schicken. Sie sollten diese Gedanken, um und aus dem Schilcher, einmal niederschreiben!

Die einen sagen, der Schilcher, der zwiebel- oder rubinrote Tropfen aus der blauen Widbacherrebe, habe seinen Namen von der „schillernden" Farbe. Andere schwören darauf, daß der Name von „schelch" kommt. Das heißt schief oder schräg – und bezeichnet die Lage der Hänge, auf denen er gedeiht. Jedenfalls sei festgehalten: der echte Schilcher wächst nur in der Weststeiermark, alles, was anderswo Schilcher genannt wird, ist ein Plagiat. Je südlicher er im Westen wächst, desto dunkler ist er. In der Eibiswalder gegend ist er ein Rubinwein, weiter oben, ab Stainz, schenken sie den hellroten „Zwiebelschilcher" aus. Sein Name ist geschützt. Schilcher darf nur der Wein der steirischen Anbauregion genannt werden.

Und ein weißes Pferd (Lipizzaner) ist die Schutzmarke, die garantiert, daß es sich um weststeirischen Schilcher handelt. Seine Säure charakterisiert ihn, sie ist „eigen". Sein Geschmack ist fruchtig und spritzig. Damit liegt dieser Star-Wein seit Jahren genau im Trend, deshalb findet sich sein Name auf der Weinkarte jedes Gourmetlokals, das auf sich hält. Kluge Verkaufs- und Imagestrategie haben den

Schilcher in den letzten Jahren weiter aufgebaut. Sein Preis ist „stolz" geworden, den wirklichen Liebhaber stört das aber nicht.

Aber: die Gesamtanbaufläche ist mit 270 Hektar äußerst klein. Und deshalb ist der Schilcher fast immer vor dem Sommer schon ausverkauft. Es ist der besondere Schiefer-Boden, der Opak, der den Schilcher zu dem Spitzentropfen macht, der er ist. Das besondere Klima der Region, die vom gewaltigen Bogen des Urgesteinszuges der Kor-, Stub- und Gleinalpe (über 2000 Meter) umfaßt wird.

In Kellerverzeichnissen des 16. Jahrhunderts wurde der Schilcher erstmals urkundlich erwähnt. Papst Pius VI. hat ihn, zweihundert Jahre später, 1782, auf seiner Reise nach Wien in der Weststeiermark kredenzt bekommen – es hat ihm nicht geschmeckt, als „rosaroten Essig" hat er ihn bezeichnet. Schwamm drüber! Der Papst ist ja nur in kirchlichen Belangen unfehlbar!

Jeder, der vom heutigen, veredelten Schilcher trinkt, wird beim ersten Glaserl entfernt das Papst-Urteil verstehen, beim zweiten Glas ist der Papst schon weit weg. Ab dem dritten wird man Protestant! Jeder weitere Schluck wird zum wollüstigen Protest gegen das unverschämte Schilcher-Urteil von Pius VI.

Ein heißer Tip für heutige Schilcher-Liebhaber: Lachen Sie sich einen Schilcherbauern an! Besuchen Sie regelmäßig seine Buschenschank! Schmieren Sie ihm Honig ums Maul, loben Sie seinen Tropfen über den grünen Klee. Sagen Sie auch, daß sein Wein besser ist als jener des Nachbarn. Entwürdigen Sie sich, werfen Sie sich in den Staub, knien Sie nieder und beten Sie die Winzerqualität Ihres Bauern mit jener Wortgewalt an, zu der Sie nach einigen Vierteln zu Ihrer eigenen Verblüffung fähig sind! Schmieren Sie ihre Kehle unentwegt, um ihr zarteste Schalmeientöne der Anbiederung zu entlocken. Und zeigen Sie Steherqualitäten! Dann werden Sie früher oder später zum Freund des Hauses und in die jährliche Lieferliste aufgenommen. Ruhen Sie sich dann aber nicht aus. Pflegen Sie ihren Bauern weiter, und Ihr Kontingent wird sich von Jahr zu Jahr erhöhen. Ihre Freunde werden Sie lieben, alles wird sich einrenken. Unwichtiges

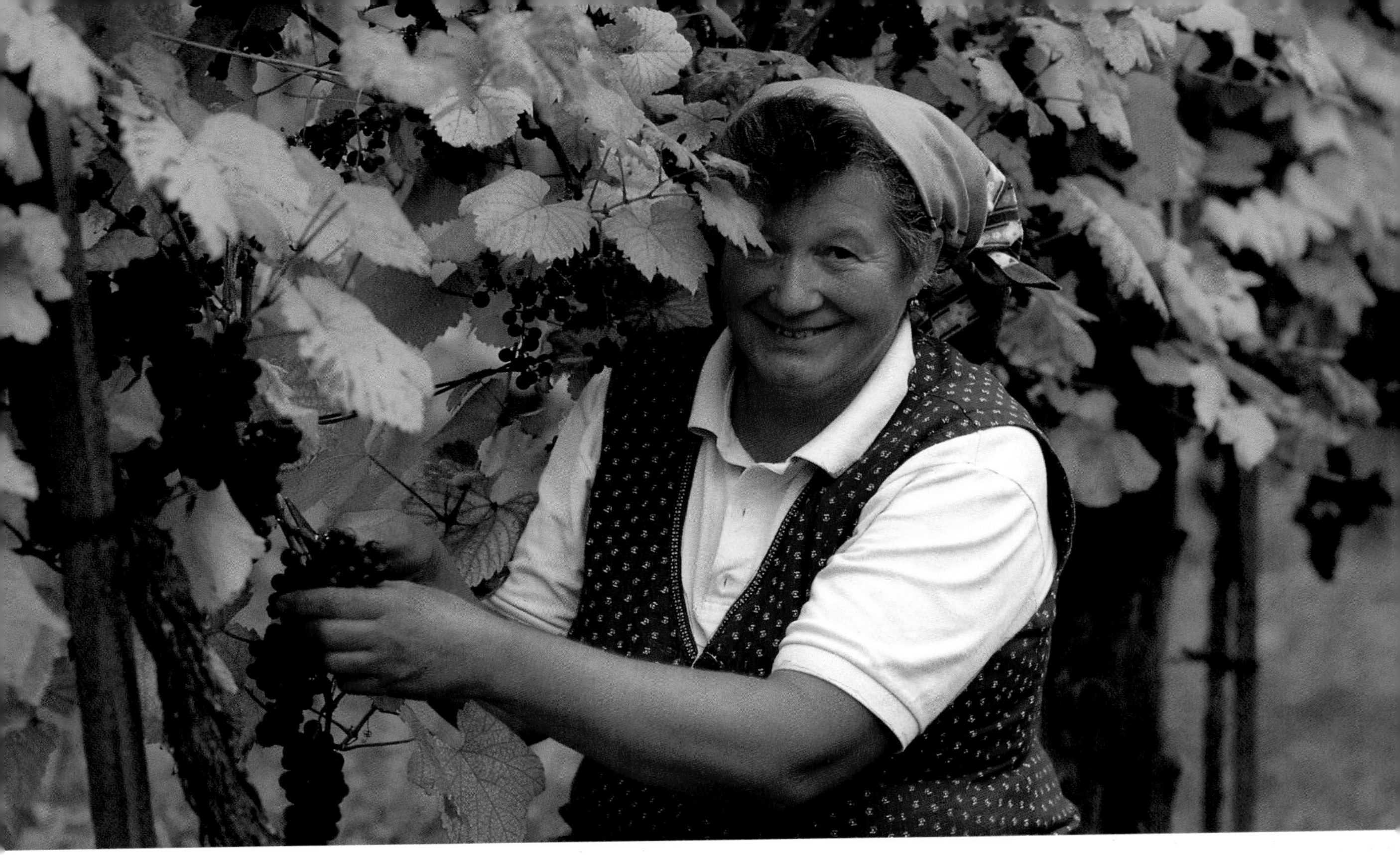

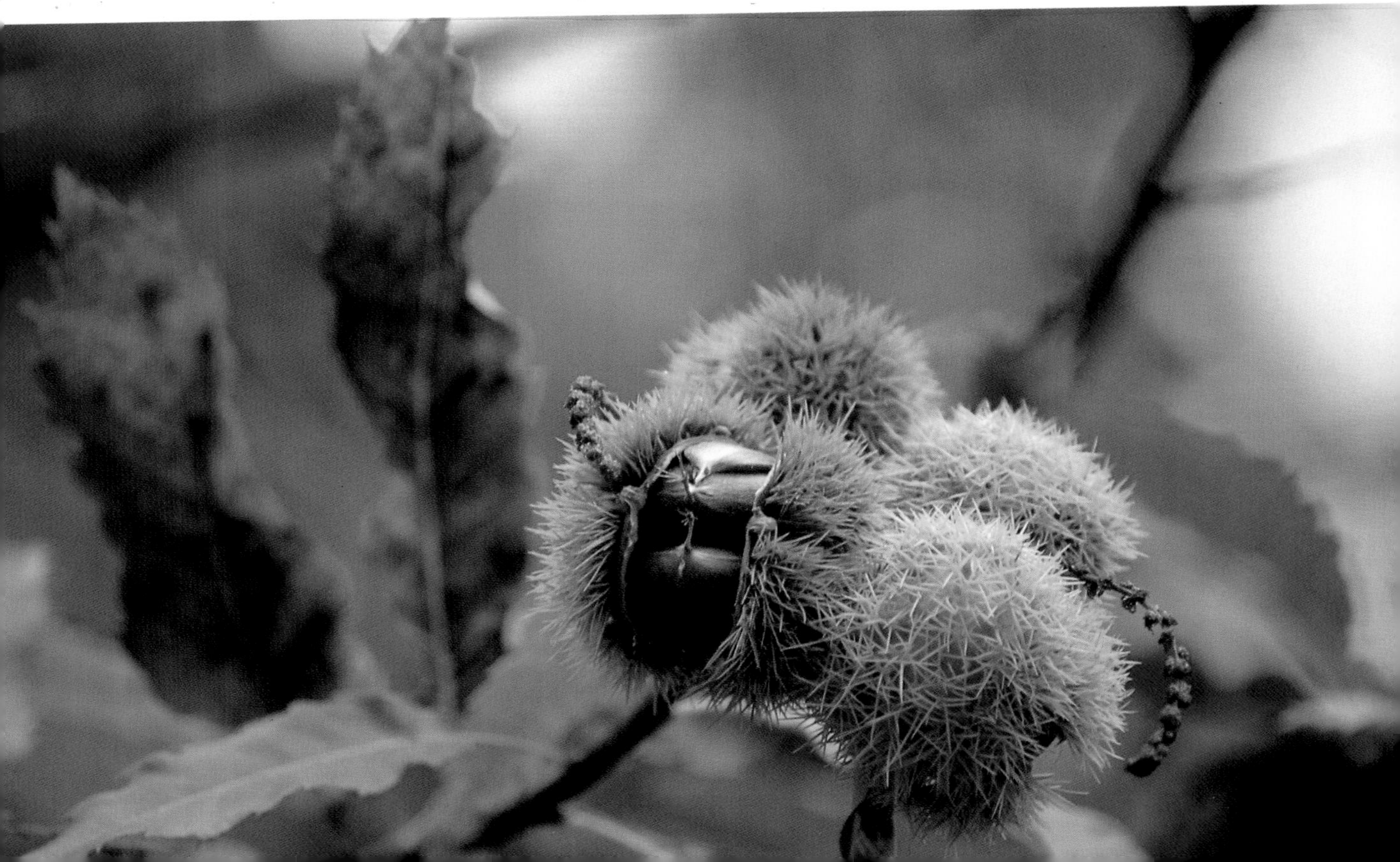

wird überflüssig, Wichtiges wird Ihnen flüssiger von der Hand gehen. Sie werden ein Schilcher-Philosoph, dem die Welt zu Füßen liegt...

Angeln Sie sich Ihren Bauern aus einem der wunderschönen gemauert-gezimmerten Häuser und Stöckeln entlang der Schilcher-Weinstraße. Lassen Sie sich Zeit. Beginnen Sie in Ligist. Von dort fahren Sie die winkelige, schmale Straße hinauf nach Gundersdorf und weiter über Lestein und Langegg nach Greisdorf und Hochgrail. Dann hinunter nach Marhof und nach Stainz am Südausläufer des Rosenkogels. Erzherzog Johann war hier ab 1850 gewählter Bürgermeister. Besichtigen Sie sein Schloß, das 1229 als Augustiner-Chorherrenstift errichtet worden ist. Heute befindet sich der restaurierte Prunkbau im Besitz der Nachfahren des „Steirischen Prinzen". In Stainz besteigen Sie den Flascherlzug und fahren mit der fröhlichen, alten Dampf-Schmalspurbahn nach Preding, ins „Kürbis-Zentrum". Wenn Sie aber dem Schilcher weiter folgen wollen, müssen Sie nach Süden: nach Wildbach, in die Urheimat des Schilcher (Wildbacher Rebe!), nach Deutschlandsberg und hinunter bis nach Eibiswald.

Haben Sie dann einmal genug vom Schilcher, biegen Sie irgendwo Richtung Osten ab, „dodelsicher" landen Sie als Weinkenner auf der „Sausaler Weinstraße" mit Kitzeck, dem höchstgelegenen Weinort Europas, wo sie einen Welschriesling machen, der Ihnen die prächtigsten Purpurwolken ins Hirn treibt. Einen Welschriesling, Weißburgunder, Muskateller, Rheinriesling, Traminer, Müller-Thurgau, Ruländer oder Zweigelt finden Sie dort, die von ebensolcher genialen Europa-Qualität sind wie gleich daneben auf der „Südsteirischen Grenzland – Weinstraße". Diese wohl berühmteste aller Weinstraßen erreichen Sie von Spielfeld, Ehrenhausen, Gamlitz oder Leutschach. Von dort fahren Sie hinauf nach Berghausen, Ratsch, Sulztal, Glanz, Langegg, Schloßberg und Eichfeld-Trautenburg. Die Straßenmitte ist die Staatsgrenze mit Slowenien. An den Straßenrändern stehen die Kastanienbäume. Zur Herbstzeit, wenn der trübe Sturm (noch nicht gänzlich vergorener Jungwein) ausgeschenkt wird, ißt man hier die gebratenen

„Kesten" (Kastanien) dazu. Und da merken Sie dann, daß der
Herrgott ein Südweststeirer war!

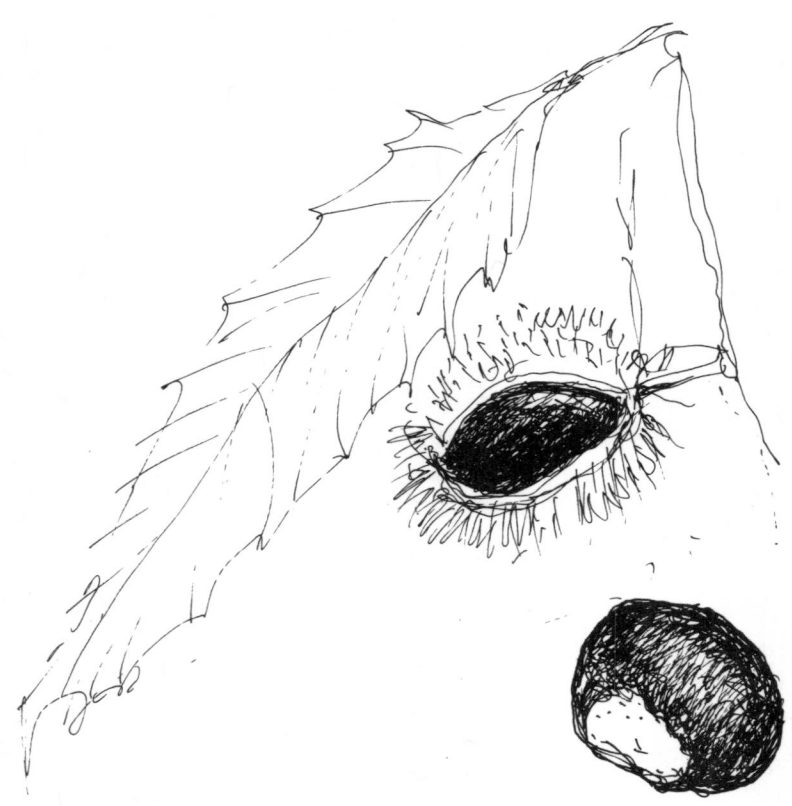

Vorratswirtschaft

Um für einen langen Winter mit Nahrungsmitteln versorgt zu
sein, mußten diese konserviert werden. Dadurch entstanden
Lebensmittel, die aus den heutigen Regionalküchen nicht
mehr wegzudenken sind.

In der Weststeiermark gibt es zwei Speisen, die als echte
Spezialitäten gelten: das Verhackert und das Kübelfleisch.
Leider wird mit dem Verhackert allerorts Schindluder
getrieben. Was in Plastikdärmen abgepackt und angeboten
wird, hat mit richtigem Verhackert nichts gemein. Es ist
bestenfalls eine Verwertung von Fett, mit dem man sonst
nichts anzufangen weiß.

Verhackert ist der Rückenspeck des Schweines, der nur
eingesalzen und auf dem Dachboden getrocknet wird. Der
schneeweiße Speck wird, wie der Name schon sagt, gehackt
und in Ton oder Holzgefäßen eingelegt. Darauf kommen
noch die Hauswürstel, wodurch das Verhackert erst seinen
herrlichen Geschmack erhält. Die Würstel wiederum bleiben
dadurch frisch und saftig.

Das Kübelfleisch besteht aus frisch geselchten Stücken vom
Schwein, die in gleichmäßige Stücke geschnitten und langsam
gebraten werden, damit nicht zuviel Saft verlorengeht.
Danach werden die Stücke gut gekühlt. In einen Ton-, Holz-
oder Emailtopf gibt man eine Lage Fett (oder Verhackert),
darüber legt man die Fleischstücke und wiederholt den
Vorgang so lange, bis der Topf voll ist.

Von den steirischen Kürbiskernen

Erst seit es den schalenlosen steirischen Kürbiskern gibt, der um die Jahrhundertwende durch eine Spontanmutation entstanden ist, finden die Kürbiskerne Eingang in die Küche. Zuvor preßte man die Kerne hauptsächlich zu Kernöl, wobei die Schale nicht hinderlich war.

Es ist nicht die Aufgabe eines Kochs, über die Bedeutung der Kürbiskerne Aussagen zu machen, aber wie man Kürbiskerne beim Kochen verwendet, sagen wir Ihnen gerne:

Überall dort, wo man Walnüsse, Mandeln, Haselnüsse oder anderes Schalenobst verwendet, kann man auch Kürbiskerne einsetzen. Die Kerne können sowohl gerieben als auch geschrotet werden, wobei ein Kleincutter mit rotierenden Messern gute Dienste leistet.

Gesalzene Kürbiskerne

Zutaten

40	dag	Kürbiskerne
1	TL	Salz
1	EL	gutes Speiseöl

Zubereitung

Die Kürbiskerne gut mit Öl vermischen, salzen und in einer Pfanne nicht zu stark durchrösten.

Gesalzene Kürbiskerne sind keine alltägliche Knabberei. Die Kerne sollten erst am Tage der Verwendung geröstet werden.

Birnen in Hagebuttensauce

Zubereitung

Hagebuttenmarmelade wird mit Weißwein zu einer ziemlich dicken Sauce verrührt. Man läßt sie einmal aufkochen, würzt mit Cayennepfeffer und legt die Kompottbirnen darauf.
Eine zweite Zubereitungsvariante erlaubt auch die Verwendung roher Birnen, die man bis auf zwei Zentimeter unter dem Stiel abschält. Das Kerngehäuse wird mit einem Kugelausstecher entfernt. Die Birnen werden in etwas Weißwein gedünstet. Der übriggebliebene Kochsud wird mit Hagebuttenmarmelade vermischt und mit Cayennepfeffer abgeschmeckt. Die Birnen in Hagebuttensauce werden warm serviert.

Eingelegter Kürbis
süß-sauer

Zutaten

2	kg	Speisekürbis (geschält, entkernt, entspricht ca. 4 kg ungeschältem Kürbis)
1/4	l	Essig (Wein- oder Apfelessig)
1/8	l	Wasser
50	dag	Feinkristallzucker
		Zitronenschale
		Gewürznelken
		Zimtrinde

Zubereitung

Den Kürbis halbieren, mit einem scharfen Messer vom Körper weg die Rinde entfernen, in gleich große Stücke schneiden. (Will man den Kürbis einlegen, in 6-8 cm lange Stücke oder Würfel schneiden; will man ihn als Salat reichen, so schneidet man ihn in Stäbchen.)
In einem säurefesten Topf Essig und Wasser aufkochen.
Gewürze (Zimtrinde, Gewürznelken und Zitronenschale) in ein Mousseline einbinden und mitkochen lassen.
Den Kürbis in ein Porzellan- oder hitzebständiges Plastikgeschirr geben und den Essig darübergießen.
24 Stunden stehenlassen und abseihen.
Den Essig mit Zucker noch einmal aufkochen, den Kürbis dazugeben und kochen, bis der Kürbis glasig, aber nicht zu weich ist.
Die Kürbisstücke in Gläser füllen und mit dem Essig übergießen.
Gläser bis unter den Rand mit Essig füllen und zubinden!

Der süß-saure Kürbis stellt eine pikante Beilage zu allen kalten Speisen dar und paßt besonders gut zu Wildbret oder Lamm. Schmecken Sie den Kürbis mit Tomatenketchup und feingehacktem Kren ab, mundet er zu allen Grillgerichten und zum Fleischfondue.

Essigzwetschken

Zutaten

2 1/2	kg	Zwetschken
75	dag	Zucker
3/8	l	Essig (guter Weinessig)
1/4	l	Wasser
1		Zimtrinde
2	Stk.	Gewürznelken

Zubereitung

Reife, makellose Zwetschken mit einem Tuch abreiben und mit einer Silbernadel (es kann auch eine Stricknadel aus Bein oder Plastik sein) mehrmals durchstechen und in ein Porzellangefäß geben.

Zucker und Essig in Wasser mit Zimtrinde und Gewürznelken aufkochen und kochend heiß über die Früchte gießen. Über Nacht stehenlassen. Am nächsten Tag die Flüssigkeit abgießen, nochmals aufkochen und heiß über die Früchte gießen. Am Tag darauf die Flüssigkeit noch einmal aufkochen, bis die Zwetschken platzen.

Abkühlen lassen, in Gläser füllen und die Gläser luftdicht verschließen.

Das Sulmtalerhuhn

Zu den bekanntesten Spezialitäten der Weststeiermark zählt schon seit langer Zeit das Sulmtalerhuhn. Um die Jahrhundertwende gelang es einem steirischen Geflügelzüchter, in nur sieben Jahren aus den zahlreich vorhandenen Hühnerrassen eine neue zu züchten, die unter dem Namen „Sulmtalerhuhn" in die Fachliteratur Eingang fand.

Das Sulmtalerhuhn ist ein schwerer Landhuhntyp mit feinem Knochenbau, das als Masthuhn viel Fleisch ansetzt. Sein Körperbau ist walzenförmig, das Gefieder ausschließlich rot oder braun. Der rote Hahn besitzt eine schwarze Brust, die Henne zeichnet sich durch dunkle Federn an Hals und Schwanz aus. Beide, Hahn und Henne, stolzieren auf gelben „Füßen".

Diesem Umstand verdanken die Menschen des Sulmtals den wenig schmeichelhaften Spitznamen „Gelbfüßler".

Das Sulmtalerhuhn ist ein Tafelhuhn ersten Ranges. Gemästete Kapaune erreichen ein Lebendgewicht bis zu 5 1/4 kg, Poularden von sechs bis sieben Monaten immerhin 3 1/4 kg. Die hervorragende Mastfähigkeit verlangt auch eine spezifische Fütterung, wozu die Sulmtaler Getreidegegenden beste Voraussetzungen bieten. Das ruhige Temperament des Huhns beeinflußt die Mastfähigkeit günstig.

Viele Sommerfrischler aus Graz und Wien kennen diese Sulmtaler Delikatesse schon seit langem und nehmen sie gerne mit nach Hause.

Musterbeschreibung

welche die k. k. Landwirtschaftsgesellschaft in Graz im Jahre 1902 feststellte.

Hahn

Schnabel: ziemlich kurz und kräftig, weißlich, fleischfarben* 2**

Auge: sehr lebhaft und rötlich . . . 2

Ohr: länglich-oval, weiß 4

Schopf: aus wenig verlängerten Federn hinter dem Kamme bestehend . . . 2

Kamm: einfach, aufrecht, nach rückwärts aufsteigend, nicht groß, wenig tief gesägt, hochrot 8

Kehllappen: lang, schmal, hängend, dünn und hochrot 2

Hals: lang, kräftig, hochgetragen, vollbefiedert 2

Brust: voll, gerundet, etwas vorstehend 6

Beine: kurz, stämmig, vierzehig, fleischfarben, rot zwischen den Zehen . . 6

Rumpf: kräftig, breit am Rücken, ziemlich tief und mäßig 10

Rücken: breit 8

Flügel: groß, dicht am Körper anliegend 2

Schwanz: lang, voll, mit schön gebogenen Sichelfedern versehen 8

---

* Bei schwarzen Tieren sind dunkle Beine und dunkler Schnabel erlaubt.

** Die Zahlen bedeuten den Punktwert.

Schilcherland und Bauernland

Abgesehen von der Industrie- und Bergbauregion um Voitsberg und Köflach im nordwestlichen Teil ist die Weststeiermark ein Bauernland. Zwar ist es in den letzten Jahren, nicht zuletzt dank einiger agiler Bürgermeister, wie etwa des Deutschlandsbergers Zingler, gelungen, auch in den Gebieten um Stainz und Deutschlandsberg (zum Teil High-Tech-) Betriebe anzusiedeln, aber: die Landwirtschaft dominiert überall. Mit ihr hat sich ein breites Fremdenverkehrsangebot entwickelt. Die Gastronomie wird jährlich besser; nicht weniger als 100 bäuerliche Betriebe bieten „Urlaub am Bauernhof" an! Das Moorbad Schwanberg, die Kipper Quellen von Bad Gams haben überregionalen Ruf. Ganz zu schweigen von der ausgeprägten Buschenschank-Kultur und den herrlich erschlossenen Schipisten im Winter!

Nach wie vor ist aber die Landwirtschaft d i e Einnahmebasis für die überwältigende Mehrheit der Bevölkerung. Mittel- und Kleinbauern dominieren in den politischen Bezirken Voitsberg, Deutschlandsberg, Graz-Umgebung und Leibnitz, die die Weststeiermak ausmachen. Wobei sich auch hier der Strukturwandel stark auswirkte: noch 1950 waren 14.000 Bauernhöfe im Vollerwerb, das heißt, die Familien lebten ausschließlich von der Landwirtschaft, der Viehwirtschaft, dem Wald. Nur 10 Prozent der Bevölkerung gingen damals im Gewerbe, im Kohlenbergbau, in der Glasindustrie (Bärnbach) und in der Bauwirtschaft ihrem Erwerb nach. Heute gibt es nur mehr 6.000 Vollerwerbsbetriebe. 70 Prozent davon haben weniger als 10 Hektar Land zur Verfügung. Die größten Höfe liegen in den Tälern und an den Hängen der Glein-, Stub- und Koralpe.

Der Strukturwandel wird am deutlichsten in der Viehwirtschaft sichtbar: Vor vierzig Jahren gab es in den beiden Hauptbezirken Voitsberg und Deutschlandsberg noch mehr als 5.000 Pferde, heute sind es nur noch 1.000. Die Kühe gingen etwa um die Hälfte zurück, die Schweinebestände wurden hingegen stark angehoben, besonders in den Tälern der Sulm und der Kainach. Der Schafbestand ist heute noch gleich hoch wie in der Nachkriegszeit. Die Weststeiermark war und ist ein Hühnerland: Allein im Bezirk Deutschlandsberg hat die Spezialisierung auf die Hendlmast dazu geführt, daß man zur Zeit nicht weniger als 280.000 Hühner zählt.

4.000 Feldgemüsebauern betreiben in der Weststeiermark ihre Sonderkulturen auf insgesamt 20.000 Hektar. Sie haben inzwischen dafür gesorgt, daß der steirische Gemüseanbau österreichweit führend ist. All das ist nicht zuletzt der Arbeit der Landwirtschaftlichen Versuchsanstalt in Wies zu verdanken. Die Experten dort haben sogar amerikanische Spezialitäten wie Eissalat, Broccoli, Zuckermais, Bleichsellerie oder südländische Produkte wie Melanzani, Zucchini und Knollenfenchel steiermarktauglich gemacht. Weit mehr als 30 Küchenkräuter finden sich in den Schaugärten des Wieser Forschungszentrums. Die Landesversuchsanlage ist aber auch bekannt für ihre Erfolge im Heilkräuter-Anbau. Zitronenmelisse, Goldmelisse, Pfefferminze, Kornblumen, Studentenblumen und Ackerstiefmütterchen werden durch die Wieser Initiativen bereits von 600 steirischen Bauern erwerbsmäßig gezogen. Der landschaftliche Reiz der Weststeiermark resultiert aus der Vielfalt: Ackerbau in den Tälern wechselt mit Obst- und Weinbau an den Hängen, hinter denen die Gipfel der Gebirge oft im Sommer noch schneebedeckt hochragen. Und nicht wenige Teiche komplettieren die Idylle, in der verblüffend viele gut erhaltene Holz-Ziegel-Häuser stehen. Das weststeirische Bauernhaus ist eine Persönlichkeit, das behäbige Geborgenheit ausstrahlt. Das Biberschwanz-Dach ist steil, aus den kleinen Fenstern fließen wahre Bäche von vielfarbigen Blumen. Drinnen gibt es eine große Stube, die von einem massiven Holztisch dominiert wird, an dem es sich gut sitzen, trinken und jausnen läßt. An diesen Tischen wurden schon viele Philosophen geboren…

Und noch etwas: Zauberhaft sind die vielen Bauerngärten rund um die Häuser. Die Spuren der Wieser Versuchsanstalt

sind unübersehbar. Exotische Gemüse, Kräuter, Früchte und
Ziersträucher wie Strauchrosen und weniger empfindliche
Einjahresblumen breiten sich immer stärker aus.

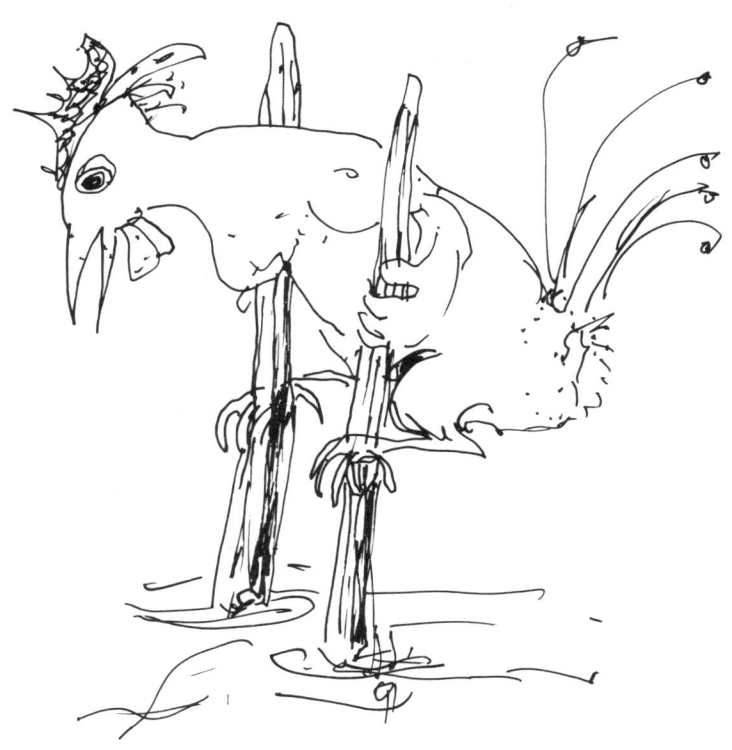

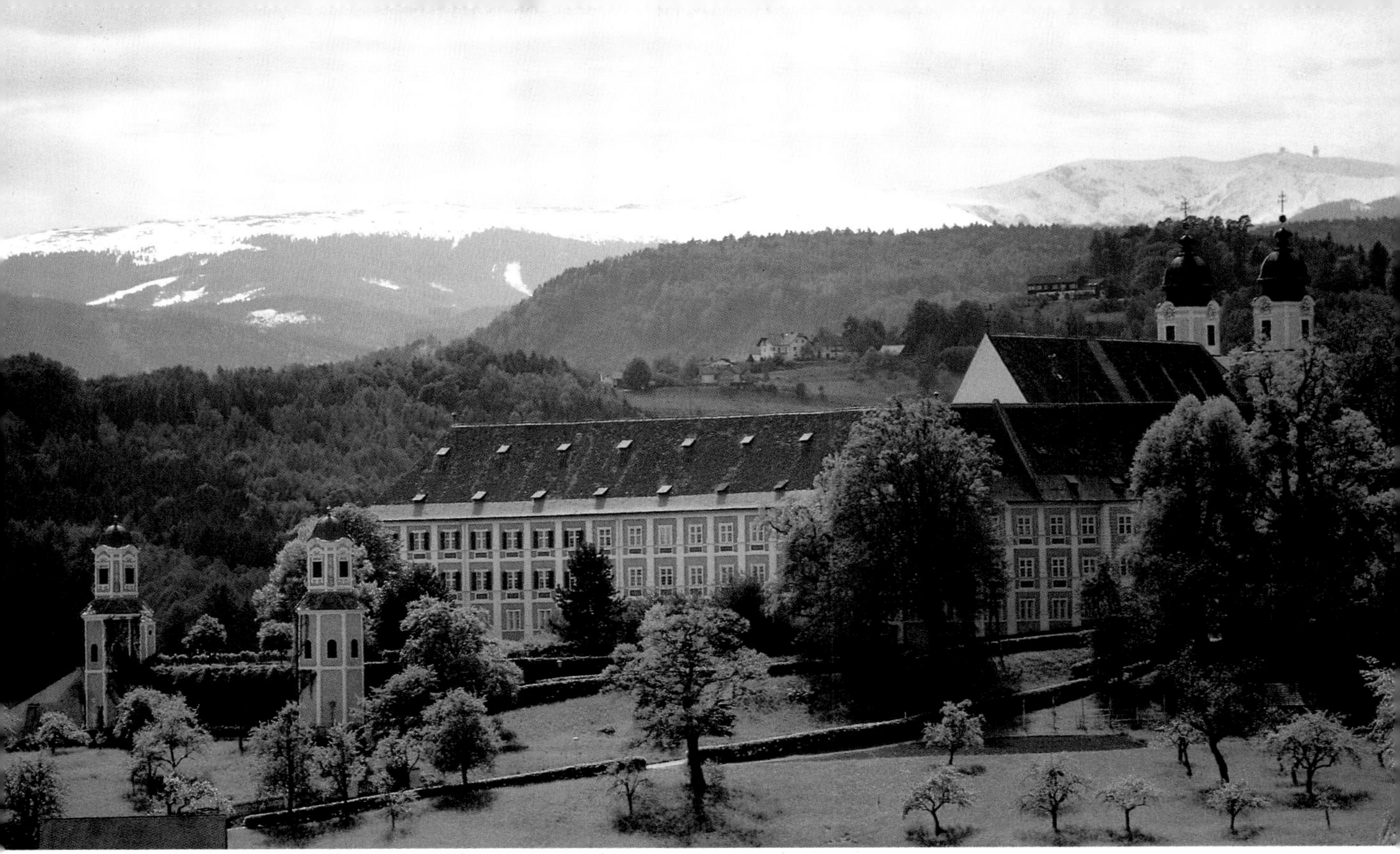

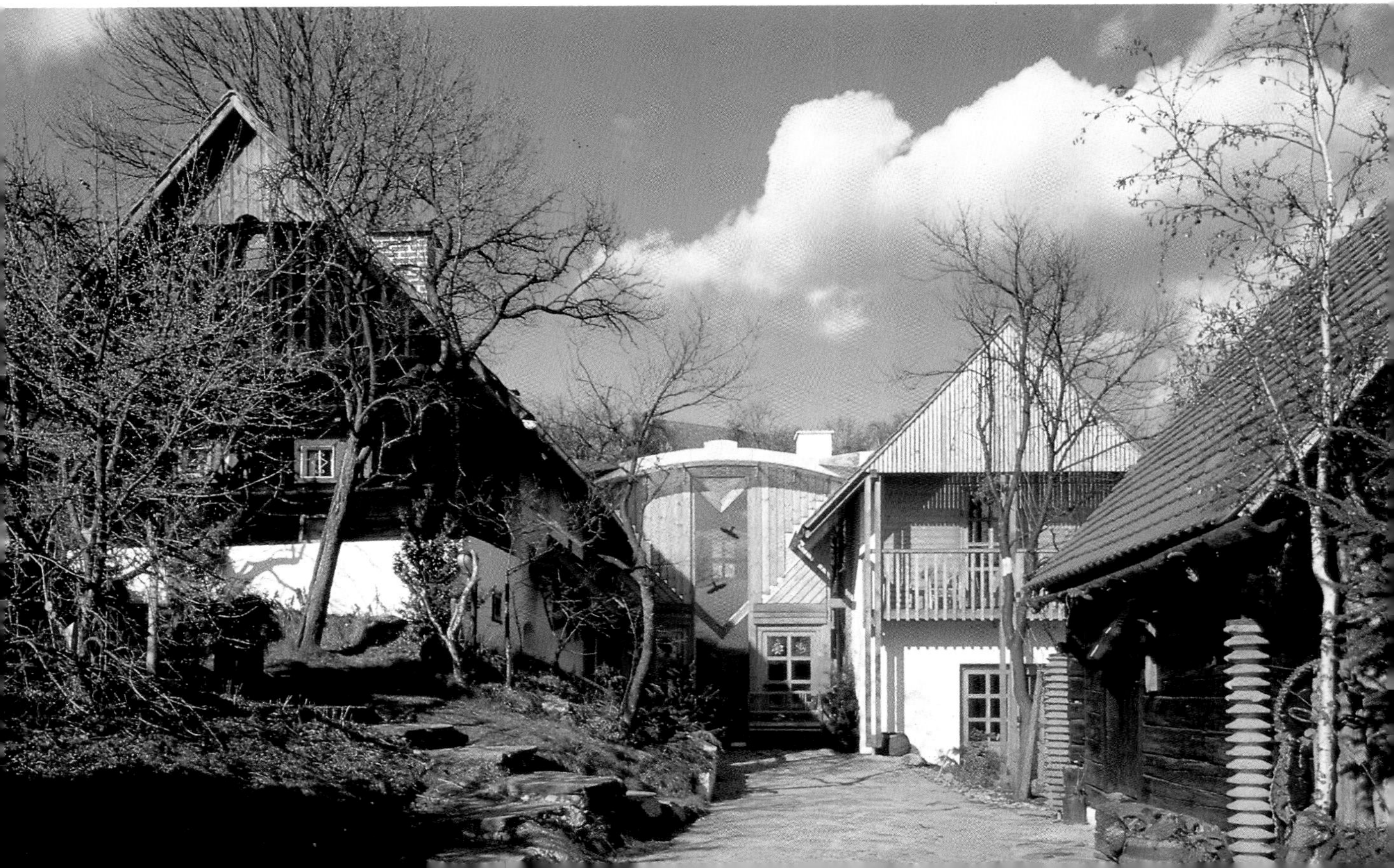

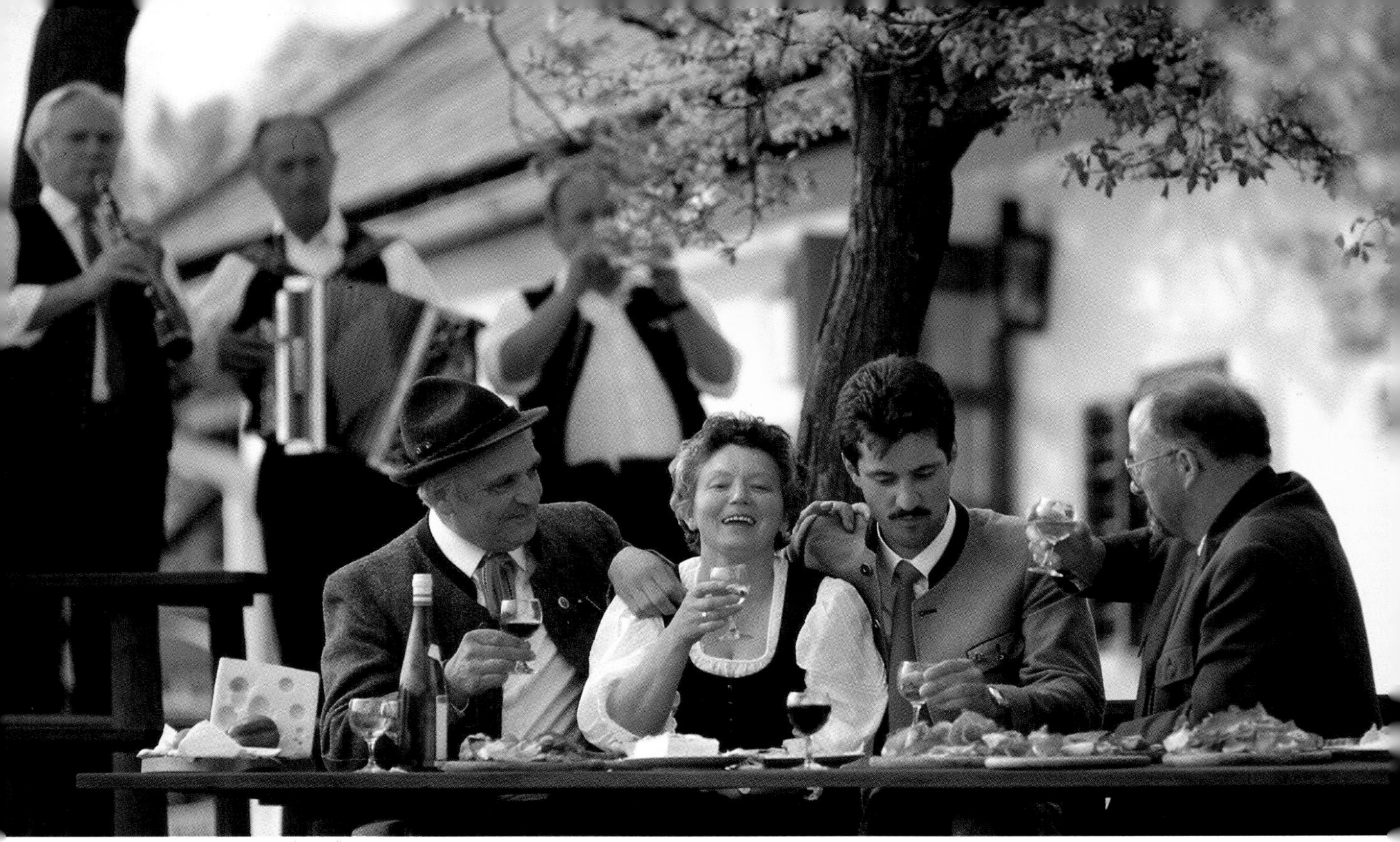

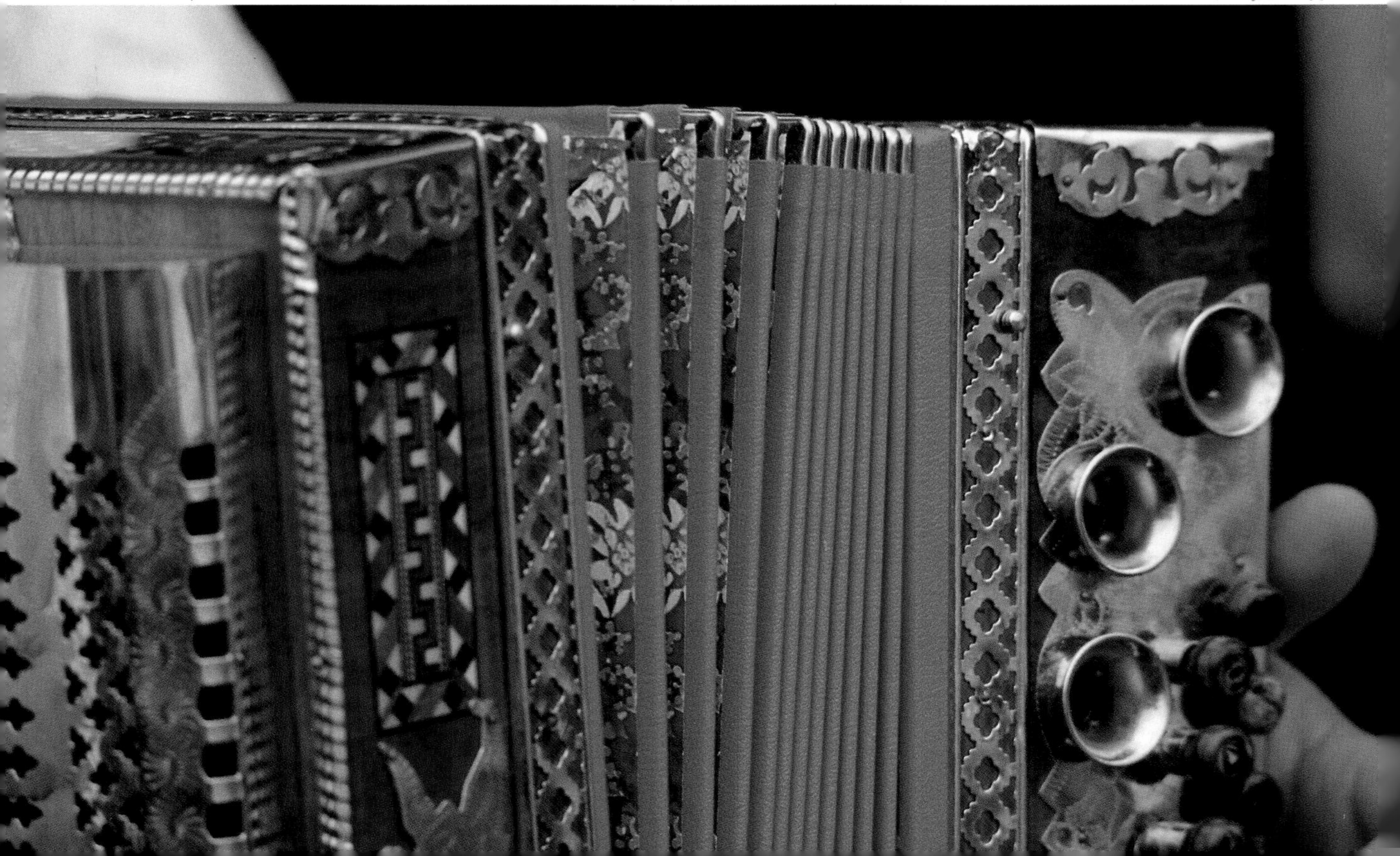

Von der Jausn, dem Most und der Musi

Für jeden, der in die Weststeiermark kommt, sind das drei Zauberworte, denn was wäre der beste Wein, der frischeste Most, die g'schmackigste Jausn, wenn dazu nicht die „Musi" spielte... Aber schön der Reihe nach:

Die Jausn

Obwohl man in jedem Buschenschank, in jedem Gasthaus auf den ersten Blick das gleiche bekommt, sind die Unterschiede doch riesengroß. Die eine Bäuerin hat einen besonders guten Leberaufstrich, bei der anderen ist der weiße Speck ein Gedicht, ganz zu schweigen vom „Lembratl", den Verhackertwürsteln, dem Kübelfleisch oder dem selbsterzeugten Käse.

Das Lem- oder Lendbratl ist eine Spezialtität der weststeirischen Küche. Es ist das ausgelöste Stück vom Schweinsrücken, das (damit es nicht zu stark austrocknet) in einen Darm gegeben und gepökelt, geselcht und luftgetrocknet wird. Das Lembratl wird hauchdünn aufgeschnitten und ist in der weststeirischen Küche genauso dominant wie der „Prsut" in Slowenien oder der „Prosciutto" in Italien. Dieses Fleischstück ist in der gesamten Steiermark bekannt, heißt aber zum Beispiel in der Südoststeiermark „Meisterbratl", im Hartbergerland „Ruckwurst".

Der Most

Es muß nicht immer der Wein sein, den man zur Jause genießt. In der Südweststeiermark versteht man es, einen ganz vorzüglichen Most zu machen, auch wenn man dieses Getränk für den „Gast" sehr oft als zu minder erachtet.

Die Musi

Abgerundet wird das Vergnügen eines
Buschenschankbesuchs aber erst durch die Klänge der
steirischen „Knöpferlharmonika". Diese diatonische
steirische „Orgel" kennt wahre Meister ihres Faches, die
diesem Instrument, das auf Druck und Zug verschiedene
Töne von sich gibt, geradezu erdhaft-selige Musik entlocken.

Verhackert

Zubereitung

Der Rückenspeck eines Schweines wird entschwartelt (von den Schwarten befreit), in ca. 2-3 kg schwere Stücke geschnitten und mit gewöhnlichem Kochsalz eingerieben. Die Fleischstücke werden einige Stunden liegengelassen, bis das Salz eingezogen ist, und danach aufgehängt.

Das Gelingen des Verhackerts hängt ganz wesentlich vom Lagerraum ab. Er soll kühl und luftig sein. Damit das Verhackert seine Qualität erhält, soll es mindestens zwei- bis dreimal durchfrieren. Früher war das selbstverständlich nur im Winter möglich. Der Winterspeck und das Durchfrieren sind das Geheimnis des guten Verhackerts.

Nach zwei Monaten ist das Verhackert fertig und kann durch die mittlere Scheibe des Fleischwolfs getrieben werden. Aufbewahrt wird das Verhackert in Tongefäßen oder hölzernen Kübeln, wobei man vor allem darauf achten muß, daß beim Einstampfen keine Hohlräume entstehen, weil das Verhackert sonst ranzig und schimmlig wird.

Das Verhackert hatte ursprünglich zwei wesentliche Aufgaben: erstens diente es als Kochfett, zweitens als Konservierungsmittel für Selchfleisch und Würste.

Weststeirisches Kübelfleisch

Zutaten

Frisch geselchte Fleischstücke
Verhackert (eventuell Schweineschmalz)

Zubereitung

Das frisch geselchte Fleisch wird im Backrohr gebraten,
ausgekühlt und in ca. 1 kg schwere Stücke geschnitten. Diese
werden in Ton- oder Steingutgefäßen sowie in Kübeln aus Holz
oder Email in Verhackert gebettet, wobei darauf zu achten ist,
daß keine Hohlräume entstehen. Die letzte Schicht soll aus
Verhackert bestehen. Nach der Entnahme soll die obere
Schicht immer glattgestrichen werden, damit kein Fleisch
herausschaut.

Das Kübelfleisch ist eine Spezialität, die nur mehr im Süden
der Weststeiermark zu finden ist.

Verhackertwürsteln

Der Herstellungsvorgang ist gleich wie beim Kübelfleisch. Die Selchwürstel werden aber nicht gekocht oder gebraten!

Leberaufstrich

Zutaten

1	kg	Kopffleisch (mager, gebraten)
1/2	kg	Kopf- oder Kragenspeck (gekocht, feinwürfelig geschnitten)
25	dag	Schweinsleber (abgebrüht, zweimal faschiert)
10	dag	Zwiebel (gerieben)
		Salz
		Majoran
		Knoblauch
		Pfeffer

Zubereitung

Kopffleisch mit abgepreßtem Knoblauch, Salz und Pfeffer
einreiben, braten, auskühlen lassen, mit der abgebrühten
Schweinsleber durch die Fleischmaschine treiben. Mit der
Schneerute 20 Minuten abtreiben, Speck beifügen,
weiterschlagen.
Zwiebel im Fett gelblich rösten, der Masse beifügen, würzen,
den Bratenrückstand mit Suppe verkochen, beifügen und in
Keramiktiegel einfüllen. Bald verbrauchen!
Wollen Sie den Leberaufstrich in Einmachgläser füllen,
müssen Sie diese zuvor eine halbe Stunde sterilisieren. (Die
Masse kann auch in Schweinsdärme gefüllt und geselcht
werden.)

Lipizzaner auf Sommerfrische

Wer die kräftige weststeirische Küche genossen hat, dem tut ein Spaziergang oder gar eine Wanderung gut. Weitläufige Wege in einer hügeligen Landschaft mit saftigen Wiesen gibt es rund um das Bundesgestüt Piber. Wer zum richtigen Zeitpunkt hinkommt, kann die weißen Pferde auf der Weide sehen. Besonders eindrucksvoll ist es, wenn die Schimmelmutter mit ihrem schwarzen Fohlen unterwegs ist. Während der Weidezeit sind die Pferde tagsüber die meiste Zeit im Freien. Im Sommer befinden sich Stuten und Fohlen auf Sommerfrische auf der „Brendlalm". Es kann vorkommen, daß dem Wanderer dort oben eine ganze Herde entgegenkommt. Voran die Leitstute mit ihrer Glocke um den Hals, der alle anderen Stuten und Fohlen folgen.
Wer sich sattgesehen hat, vom langen Weg müde und hungrig ist und deshalb Stärkung braucht, der kann sich auf der Brendlhütte bei frischer Milch und Bauernbrot stärken.

TIBER

Das Wetter im Südwesten. Ein sonniges Paradiesgärtlein

Von Carl Michael Belcredi

Das weststeirische Hügelland ist ein sonniges Paradiesgärtlein. Mächtige Gebirgszüge bieten Schutz gegen allerlei Wetterunbill. Die Glein- und die Fischbacheralpe halten den kalten Nordwind ab. Kaltlufteinbrüche bleiben häufig am Hochschwab hängen; kommen sie doch einmal südlich voran, dann nur sehr abgeschwächt.
Koralpe und Stubalpe sind eine wirksame, mitunter unüberwindbare Barriere gegen das in Österreich sehr häufige Westwetter.
Vom Süden her trotzt das Bachergebirge den Adriatiefs.
Östlich der Mur ist das Land offen. Glücklicherweise sind von Ungarn her nur sehr selten markante Wetteränderungen zu erwarten.
Natürlich kennt das Wetter unzählige Spielarten. Es wiederholt sich niemals. Einiges können wir aber anhand der Jahreszeiten eingrenzen:
Der Winter ist generell kalt. Deshalb bleibt der Schnee lange liegen. Die Schneewolken kommen recht selten in unser Paradiesgärtlein westlich der Mur. Wenn es allerdings einmal schneit (Adriatief), dann ergiebig. Das kommt drei- bis viermal während der kalten Jahreszeit vor.
Die Kälte in den Niederungen ist auch schuld am anhaltenden Nebel. Die Feuchtigkeit kann aus diesem allseits von Bergen behüteten Flecken nicht abziehen. Ich persönlich mag den Nebel. Er verbreitet eine wunderbar melancholische Stimmung.
Im bergigen Umland ist das Wetter hingegen sonnig und milder.
Das Frühjahr setzt sich in der Südweststeiermark schneller durch, die Vegetation erwacht früher, das Wetter zeigt sich

hier freundlicher, Regen gibt es seltener. Mit dem Übergang
zum Sommer kommt alljährlich die einzige Plage dieses
meteorologischen Herrgottswinkels: die Gewitter. Besonders
im Hochsommer sind sie praktisch an der Tagesordnung.
Pünktlich zum Zeitpunkt der kräftigsten Sonneneinstrahlung
bauen sich riesige Gewittertürme auf. Die zuerst noch
kleinen, weißen Haufenwolken türmen sich zu drohend
schwarzen, manchmal sogar gelblichen Gewitterfronten auf,
die sich in Platzregen und nicht selten in Hagel entladen. Eine
ständige Bedrohung.

Als Pilot muß ich immer wieder diese Ungeheuer am Himmel
umfliegen. Die Fluggäste leiden unter den heftigen
Turbulenzen, das Flugzeug ächzt in allen Fugen. Ich möchte
jene Flüche, die ich den Blitzen entgegenschleudere, hier
lieber nicht anmerken!

Die Gewitter entstehen dank der kräftigen
Sonneneinstrahlung, also der Überhitzung. Die feuchte Hitze
steigt auf, wird abgekühlt, Wolken bilden sich. Ein
Gewitterturm kann eine Höhe bis zu 13 Kilometern
erreichen. In den Hanglagen der Gebirge ist die Erwärmung
am stärksten. Dort beginnen die Wolkenauftürmungen meist
und verbreiten Angst und Schrecken unter den Bergsteigern.
Erst im Herbst wird es ruhiger. Überhaupt scheint mir das die
schönste Jahreszeit in der Weststeiermark zu sein. Die Nächte
werden klarer und deshalb kühler. Die ersten Nebel zeigen
sich über Flüssen und Teichen. Wer einmal oben in Greisdorf
gegen Abend beim Schilcher gesessen ist und die Herbstnebel
im Tal beobachtet hat, wird dieses Bild nie mehr vergessen.
Im November können die Nebel schon den ganzen Tag über
anhalten. Der Einfallswinkel der Sonnenstrahlen wird
flacher. Die Sonne, unser großer Energiespender und
Wetterbeweger, verwöhnt jetzt die Südhälfte unseres
Planeten. Die bodennahe kalte Feuchtigkeit kann im
Tagesgang in den geschützten Lagen nicht mehr abtrocknen;
die Menschen besinnen sich schön langsam auf Weihnachten.

Gewichte

1 dag =   10 g
10 dag = 100 g
⅛ kg (12½ dag) = 125 g (= ¼ Pfund)
¼ kg (25 dag) = 250 g = ½ Pfund
½ kg (50 dag) = 500 g = 1 Pfund
1 kg (100 dag) = 1.000 g = 2 Pfund

G'nua für
heut !

Register